Ausgabe 2025
1. Auflage 2025
Copyright: Peter Kleiber
Rezepte: Rezepte für die Militärküche
Satz und Umschlag: Peter Kleiber
Verlag: Amazon kindle

Peter Kleiber

Der Verschlaufer
Eine etwas spezielle Dienstpflicht-Erfüllung

Der Autor gewährt uns einen ungewohnten und unterhaltsamen Einblick in seinen sehr speziellen Alltag während seiner Dienstpflicht-Erfüllung innerhalb der Schweizer Armee. Die Schilderungen und Erlebnisse dokumentieren die unter Dienstpflichtigen weitverbreiteten Bestrebungen, die obligatorische Zeit im Dienste der Armee so bequem, so einfach und so schnell wie möglich hinter sich zu bringen. Dem Autor brachte dieses Bestreben nicht nur den einen oder anderen Sonderstatus ein, sondern vor allem sehr schnell auch den Beinamen «Der Verschlaufer»…

Der Verschlaufer
Inhalt

	Geglückter Einstieg	7
	Nützliches für's Leben	11
	Turnfest als Rettungsanker	19
	Ausstieg über das Bezirksspital	27
	Zweiter Anlauf mit Arrest	35
	In fremdem Sold	41
	Brotsuppe	*44*
	Neue Küchenkollegen	45
	Kutteln mit Tomatensauce	*50*
	Drei Füchse für die Offiziere	51
	Pfeffer	*53*
	Mein Feind in den eigenen Reihen	55
	Fotzelschnitten	*58*
	Sonntagswache bei der Freundin	59
	Käseschnitten	*63*
	Der Geheimpakt mit dem Grossverteiler	65
	Apfelrösti	*68*
	Der Divisionär, seine Gäste und drei Hühner	71
	Risi-Bisi	*77*
	Der Bombenleger und mein Abschied	79
	Spatz	*88*
	Spezielle Dienstfahrzeuge	89
	Die eigene Uniform-Kreation	97
	Flugstundenüberschreitung	111
	Entlassung per Kündigungs-Schreiben	117
	Dienstpflichtüberschreitung	121
Anhang	Die etwas andere Militär-Karriere	127
	Ein paar Fotodokumente	131

Geglückter Einstieg

Eine gute Tarnung kann für einen Soldaten lebensrettend sein. Während militärischer Übungen aber hilft gute Tarnung auch gegen Vorgesetzte. – Bis ich allerdings zu dieser wichtigen Erkenntnis gelangte, verbrachte ich zunächst sehr viele, harte Stunden, Tage und Wochen in der für mich persönlich in allen Belangen wohl feindlichsten Umgebung: In der Schweizer Armee.

«Jetzt bricht für dich ein neuer Lebensabschnitt an», sagte mein Vater, als er mir den Brief mit dem Aufgebot zur «Militärischen Musterung» in die Hand drückte. Und in mir stieg ein Gefühl von Übelkeit auf. Nun war er da, dieser gefürchtete Moment, wo «das Vaterland ruft» und dich zur Erfüllung der Militärpflicht auffordert. Das war jetzt ultimativ. Ich hatte die diversen, von Kollegen vorgeschlagenen und diskutierten Gelegenheiten zur Umgehung der Dienstpflicht umzusetzen verpasst. Mir war in diesem Moment schlagartig klar, dass es von da an kein «Zurück» mehr gab. Ich schaute meinen Vater an und spontan fiel mir nichts anderes ein, als der Satz: «Ich glaub' ich verstecke mich im Elsass…» – «Ach, das bringt doch nichts!», meinte mein Vater und grinste mich an. «Die holen dich und dann hast du nur Scherereien. Du musst dich nicht verschlaufen, du wirst sehen, der Militärdienst ist lustig und du wirst viel lernen. Zieh' das durch, wir haben das alle gemacht.» So einfach war damals die Welt…

Mein Vater hatte die Rekrutenschule in der Vorkriegszeit absolviert und erlebte danach die Kriegs-Mobilmachung in der Schweiz. Er war stolzer Soldat, der seine Pflicht für's Vaterland gerne erfüllte. Eingeteilt war er in der Fliegerabwehr. In den Sechzigerjahren besuchten wir ihn mit unserer Mutter manchmal, wenn er Sonntagsdienst hatte. Da zeigte mir mein Vater einmal stolz «seine» Flab-Kanone, ein riesiges Geschütz auf vier weit ausgestreckten Beinen, am Boden verankert und unter einem Tarnnetz. «Mit einer solchen habe ich am Kriegsende einen Engländer abgeschossen», erzählte mir mein Vater. «Wir waren am Rhein stationiert und plötzlich gab es Fliegeralarm. Wir trafen die Maschine mit dem ersten Schuss. – Der Pilot konnte sich mit dem Fallschirm retten, den haben sie dann später verhaftet».

Als kleiner Junge war ich natürlich fasziniert von der Geschichte, jetzt aber, mit dem ersten Aufgebot der Armee in der Hand verspürte ich nur Unbehagen. Und auf jeden Fall konnte ich mir nicht vorstellen, dass Militärdienst «lustig» sei, wie dies mein Vater meinte. Das Aufgebot zur Musterung beschäftigte mich in Gedanken tagtäglich. Das «Unbekannte» rückte immer näher und machte mir zwar Angst, aber meine ausgeprägte Neugier half mir immer mehr, mich damit abzufinden und «es» auf mich zukommen zu lassen.

Ich redete in dieser Zeit mit vielen Bekannten und Freunden, die bereits im Militär integriert waren. Und ich hörte alle möglichen Geschichten und Meinungen dazu. Vor allem aber erhielt ich viele Hinweise auf Tricks, mit denen man den Verlauf der Dinge im Zusammenhang mit der Armee unter Umständen beeinflussen konnte. Ich hörte von jenem jungen Mann, der angeblich vor dem Aushebungs-Termin drei Tage hintereinander zu Fuss von Itingen nach Sissach ging – mit einem Fuss auf der Strasse und mit dem anderen Fuss auf dem Trottoir. Dies habe zu einer Wirbelsäulen-Verschiebung geführt, sodass er schliesslich als dienstuntauglich taxiert wurde. Man empfahl mir auch, ich solle mich als «schwul» outen, oder ich soll bei der Befragung durch den Aushebungsoffizier in einen Weinkrampf verfallen. Ein Kollege empfahl mir als «absolut wirksames Mittel» sich als übertriebenen Militär-Fanatiker zu gebärden. «Frage, wann du das Gewehr bekommst, und ob es scharfe Munition dazu gebe. – Oder frag', wann die Schweiz den nächsten Krieg führe», schlug mir der Kollege vor, «du musst einfach als kranker Spinner erkannt werden, so bist du zu gefährlich für die Armee».

Das mit den Tricks und Täuschungen schien mir immer schwieriger. Und mir lief die Zeit davon, denn der Aushebungs-Termin rückte immer näher. Mir wurde von Tag zu Tag bewusster, dass ich mich wohl dem Schicksal ergeben musste. Mir wurde zwar jeweils beim Gedanken an Militärdienst fast übel, aber ich sah auch immer wenige Möglichkeiten, mich davor zu drücken. Zum ersten Mal stellte ich mir die Frage, ob es sich lohnen würde, für diese Sache harte Konsequenzen in Kauf zu nehmen. Schliesslich wurden Verstösse gegen die Militärpflicht bereits strafrechtlich geahndet. Ich begann zu überlegen, welches für mich persönlich der einfachere Weg wäre: Militärpflicht erfüllen, wie das Hunderttausende vor mir bereits getan haben, oder Militärdienst verweigern, mit allen möglichen Folgen für meine private und berufliche Zukunft.

An der Aushebung in der Kaserne Liestal tat ich nichts von all den vorgeschlagenen Tricks. Ich hatte mich widerwillig frühmorgens auf den Weg nach Liestal gemacht, und ich liess die Dinge an der Aushebung auf mich zukommen. Ich kletterte brav die fünf Meter hohe Stange hinauf und liess mir das militärärztliche Abtasten meiner Hoden ohne Murren gefallen. Auch den kulinarischen Klassiker, den man uns in der Mittagspause auf dem Kasernenhof servierte, die «Suppe mit Spatz» genoss ich – und fand das Gericht «nicht mal so schlecht». Einzig der Tipp meines Cousins lag mir die ganze Zeit über im Ohr: «Lass' dich zu den Sappeuren einteilen, das ist die beste Truppengattung, da machst du wenigstens etwas Vernünftiges.» – Ich liess also das ganze Prozedere der Aushebung über mich ergehen. Und als ich schliesslich vor dem Offizier zum Abschlussgespräch sass, erinnerte ich mich an die Empfehlung meines Cousins. «Sie sind diensttauglich», sagte der Uniformierte, «haben sie einen Wunsch betreffend der Truppengattung?» – «Ich möchte zu den Sappeuren», sagte ich. Da ich in der Ausbildung zum Bauzeichner stand, lag die Einteilung zu den Bautrupps der Armee natürlich nahe. Mein Wunsch klang aber offenbar derart überzeugend, dass der Offizier mit dem Kopf nickte und sagte: «Toll, wenn wir so entschlossene junge Männer bekommen». Er schaute mich an und bemerkte – angesichts meiner damals schulterlangen Frisur – mit einem Augenzwinkern: «Aber die Haare müssen dann weg!»

Die Haare hatte ich beim Eintritt in die Rekrutenschule auf die durch die Armee tolerierte Länge, respektive Kürze geschnitten. Ich hatte auch brav alle empfohlenen Utensilien und Kleidungsstücke eingepackt «Rechnet damit, dass ich bald wieder da sein werde», sagte ich meinen Eltern bei der Verabschiedung im Bahnhof SBB in Basel. Mein Vater zeigte ein gequältes Lächeln, winkte mir mit der rechten Hand zu und meinte: «Wir werden sehen…».

Eingeteilt war ich für die Genie-RS II/35. Ich fand mich pünktlich und an der speziell ausgeschilderten Stelle im grossen Kasernenhof ein. Nach einer im typisch militärischen Sinne kurzen Begrüssung gerieten wir nach und nach tiefer ins Räderwerk der Armee. In Einerkolonne ging's kreuz und quer durch das Kasernen-Areal. Wir bekamen Unmengen an Ausrüstungsmaterial. Angefangen mit der Uniform, über Arbeits-Tenue, Rucksack, Schuhe, Schlafsack bis hin zur Waffe, dem bekannten Sturmgewehr. Gegen Abend hatten wir schliesslich auch das «Zimmer» bezogen, wo wir wohl die nächsten siebzehn Wochen «wohnen» würden. Zwölf Betten in zwei Reihen standen da. Neben jedem Bett stand ein schmaler Metallschrank, in dem sämtliche Kleider und alle sonstigen, persönlichen Utensilien nach einem vom für uns zuständigen «Feldweibel» klar vorgegebenen Muster eingeräumt werden mussten. «Und so bleibt das während der ganzen RS», sagte der Unteroffizier, «das wird regelmässig kontrolliert».

Zu jenem Zeitpunkt wäre ich am liebsten geflüchtet. So unwohl war mir im bisherigen Leben noch nie in einer Situation. Kam hinzu, dass ich keinen der sogenannten «Kameraden» kannte. Sie redeten andere Dialekte, sie waren laut, sie lachten und sie machten Witze, die ich überhaupt nicht lustig fand. Einige kannten sich bereits näher, das merkte man an ihren Gesprächen. Viele gebärdeten sich, als wären sie nicht das erste Mal in einer Kaserne. Mit der Zeit wurde mir klar, dass sich viele über die Rekrutenschule und das Kasernenleben informiert hatten. Vermutlich bei älteren Brüdern, Freunden und Arbeitskollegen. Es war für mich schon sehr erstaunlich, wieviele Details aus Tagesabläufen und Begriffen einigen der «Neulinge» bereits bekannt waren. Ich konnte mich nur schwer in diesen neuen Tagesablauf zwischen «Hauptverlesen» am Morgen und dem Lichterlöschen am Abend einordnen.

Nützliches für's Leben?!

Der allgemein bekannte Hinweis «im Militär lernst du viel Nützliches für's Leben» fand ich in den ersten Tagen der Rekrutenschule alles Andere als bestätigt und stellte diesen immer mehr in Frage. Was sollte daran nützlich sein, sich morgens um sechs Uhr zusammen mit hundert Anderen in Reih und Glied aufzustellen und auf das Aufrufen seines Namens zu warten?! – Welchen Nutzen sollte es haben, sich zusammen mit hundert Anderen innert Sekunden in einer anderen Himmelsrichtung in die Reihe zu stellen. Wann würde ich je wieder viel zu schwere Lederschuhe anziehen, die man täglich unter Verwendung von schmierigem Fett von Hand weichkneten musste, bevor sie einigermassen schad- und schmerzlos tragbar waren? Ich sah damals auch weder Sinn noch Nutzen darin, tagtäglich ein kompliziertes, schweres – und ungeladenes – Gewehr mit in die Natur zu schleppen und zu verschmutzen, nur, damit man es abends unter Aufsicht eines pedantischen Unteroffiziers in seine Einzelteile zerlegen und wieder reinigen konnte.

Es war vielen von uns Rekruten natürlich klar, dass in diesen ständigen Befehlen und klar definierten Tagesabläufen vor allem der Nutzen für die Armee angestrebt wurde. Manche nannten es «Zermürben» und «Unterdrückung», ich fühlte mich anfangs nur gedemütigt, einsam und als «Gefangener» eines Systems, das ich seit Jahren total ablehnte. Ich hatte meiner Ablehnung «leise» aber mit Überzeugung Ausdruck verliehen, indem ich in meinem Dienstbüchlein auf Seite 4 unter der Rubrik «Krankheiten und Gebrechen» mit schwarzem Filzstift ein Peace-Zeichen platzierte. Dieser «private» Eintrag, was im Dienstbüchlein als absolut verboten galt, wurde mir im Verlaufe meiner Militärzeit immer mal wieder, begleitet von vorwurfsvollen Blicken, vorgehalten. Bestraft wurde ich allerdings erstaunlicherweise nie dafür. Das Peace-Zeichen blieb im Dienstbüchlein.

Eine nützliche Sache erlernte ich bereits am zweiten Tag der Rekrutenschule sehr gerne, und ich erinnerte mich noch Jahre danach immer mal wieder gerne und mit leichtem Stolz daran: Das perfekte Beziehen eines Bettes mit zwei Leintüchern und einer Wolldecke. Ich hatte den Feldweibel bei seiner Instruktion aufmerksam beobachtet und schaffte es auch, unter Anwendung der entsprechenden Tipps, auf Anhieb, mein Bett so faltenfrei zu beziehen, dass es immer mal wieder als Beispiel vorgeführt wurde. Diese Fertigkeit kam mir lange Jahre auch im Privatleben zu Nutzen. Wenn immer es irgendwo darum ging, ein Leintuch auf einem Bett perfekt zu straffen, bot ich meine «Dienste» an und verblüffte in der Regel skeptische Beobachterinnen...

Nach etwa vierzehn Tagen Kasernenleben hiess es eines Morgens beim sogenannten Antrittverlesen, dass nun die Arbeiten draussen beginnen würden. Es gab ein paar der Rekruten, denen diese Information ein leises «Juhee!» entlockte. Ich konnte mir zu jenem Zeitpunkt überhaupt nicht vorstellen, was dies bedeutete. Gut, ich wusste, dass Sappeure manchmal auch als «Bautrupp» bezeichnet wurden. Nur, was da gebaut werden sollte, oder wie überhaupt solche «Aussenarbeiten» aussehen konnten, entzog sich meinen Vorstellungen.

Es war Mitte Februar und an jenem Morgen schien gerade die Sonne – was sollte also an einem «Ausseneinsatz» schlecht sein? Wir wurden aufgefordert, das Arbeits-Tenue, das die hier «Tenue blau» nannten, anzuziehen, dazu die schweren Schuhe, Mütze und Helm. Zunächst führte man uns am Zeughaus vorbei, wo wir, wie angekündigt, ein Arbeitswerkzeug ausgehändigt bekamen. «Das gehört künftig zu eurer persönlichen Ausrüstung und ist natürlich bitte dementsprechend sorgfältig zu behandeln und vor allem sauber zu halten», verkündete der Feldweibel. – Der Zeughausangestellte drückte mir einen kleinen Spaten in die Hände. «Ein Schanzknochen für dich, viel Spass!» waren seine begleitenden Worte dazu. Wozu ich den «Schanzknochen» brauchen würde, war mir zu jenem Zeitpunkt überhaupt nicht bewusst. Das Ding kam mir vor, wie aus dem letzten Jahrhundert. Der kleine Spaten hatte einen kurzen Holzstiel und der Metallteil steckte in einem Lederetui. Das Teil wurde zu meinem ständigen

Begleiter, denn von da an durfte ich nicht mehr ohne diesen «Schanzknochen» aus der Kaserne gehen.

Die Arbeiten draussen fanden im sogenannten «Schachen» statt, einem grossen, eingezäunten und mit Stacheldrahtrollen gesicherten Gelände an der Aare. Ausser ein paar Holzbaracken und viel gelagertem Baumaterial und Metall war da nichts. Wir wurden in kleine Gruppen von fünf bis sechs Personen eingeteilt, und jede Gruppe wurde von einem Unteroffizier, einem Korporal geleitet. Unser Korporal kam mir bekannt vor. Ich hatte den Mann schon mal irgendwo gesehen. Er gab sich kumpelhaft, gab lustige Kommentare zu Jedem und Allem ab, und versuchte so, unsere Sympathie zu gewinnen. Irgendwann fragte ich den Korporal, ob er aus Basel sei. Mir war sein ausgeprägter Dialekt aufgefallen. Er bejate meine Frage, er hiess Martin und war der Sohn eines grossen Bauunternehmers in Basel. «Gut, jetzt sind wir schon zwei Basler hier», sagte der Korporal und klopfte mir kollegial auf die Schulter, «freue mich auf unsere gemeinsame Dienstzeit!» – Seine Freude war tags darauf bereits wieder verflogen. Mir war der «Schanzknochen» unter lautem Geschepper heruntergefallen und der Korporal aus Basel machte sich lustig darüber: «In einer Kriegssituation wärst du jetzt tot. Besser kann man sich dem Feind nicht präsentieren, ha, ha, ha!» Ich nahm den Spaten vom Boden auf, ging drei Schritte auf den Korporal zu, schaute ihm in die Augen und sagte: «Weisst du, mein Feind in diesem System bist du! Merke dir das bitte.»

Dieser Vorfall brachte den Basler Korporal künftig auf Distanz zu mir und mir selber ein Einzelgespräch mit dem «Zugführer», einem Leutnant, ebenfalls Basler Ursprungs, ein. Der Offizier versuchte, psychologisch korrekt, mich milde zu stimmen. «Ihre kleinen Protestaktionen bringen sie nicht vorwärts. Wenn sie in der Armee etwas verändern wollen, dann müssen sie sich zunächst in das System integrieren», sagte er. Um Veränderungen zu erreichen oder durchzusetzen, sollte ich die Offizierslaufbahn anstreben und mich bis in die Armeeführung hochdienen. «Da hat ihre Meinung allenfalls Gewicht, da können sie dann Einfluss nehmen und etwas verändern.» Das Gespräch blieb damals sehr einseitig. Ich hatte, respektive durfte meine Meinung gar nicht äussern. Zum Abschluss erhielt ich den Befehl, mich beim Korporal zu entschuldigen.

Natürlich tat ich, wie mir befohlen und meldete mich beim Korporal mit korrekt militärischem Gruss an. Betont förmlich und inhaltlich schwer übertreibend erklärte ich dem Korporal: «Ich entschuldige mich, wenn ich dir mit meinem Hinweis Angst gemacht habe. Natürlich tue ich dir nichts», fügte ich bei. Und dann entwich mir erneut eine Bemerkung, die, wie ich später zu spüren bekam, ich besser für mich behalten hätte: «Wir haben ja nicht mal Munition für unsere Gewehre!» Am andern Tag wurde ich einer anderen Gruppe zugeteilt. Der Korporal dieser Gruppe war aus Bern...

Die Arbeiten im «Schachen» fanden zunehmend mein Interesse. Wir lernten, wie man mit einer Motorkettensäge einen grossen Baum fällt. Das fand ich spannend und gleichzeitig eine nützliche Ausbildung. Also beteiligte ich mich intensiv und begeistert, aber immer voller Respekt, an diesen Übungen, bis ich die Handhabung der Motorkettensäge in jeder Situation beherrschte. Ohne damals zu ahnen, dass ich später im Leben noch oft mit Motorkettensägen arbeiten würde, übte ich mit diesem gefährlichen Werkzeug so oft ich konnte. Es war mir klar geworden, dass man in dieser Rekrutenschule durchaus brauchbare Dinge lernen konnte.

Meine Begeisterung wurde schwer getrübt, als der Korporal nach der einwöchigen Ausbildung an der Motorkettensäge erklärte, man könne Bäume in militärischer Manier noch wirkungsvoller und vor allem schneller fällen, wenn man dazu Sprengstoff verwende. «Freunde, das steht für die nächste Woche auf dem Programm.» – Der Gedanke, mit Sprengstoff hantieren zu müssen, erschreckte mich. Davor hatte ich Angst. Auch der Gedanke an bestimmt eines Tages anstehende Übungen mit Handgranaten versetzte mich in Unbehagen. Sofort entstanden beängstigende, grauenvolle Bilder von Unfällen und Szenen aus Kriegsfilmen in meinem Kopf. War das nun der Moment, die Flucht zu ergreifen und der Armee den Rücken zu kehren? Ich zog damals zum ersten Mal ernsthaft in Erwägung, nicht mehr aus dem Wochenend-Urlaub zurück in die Kaserne zu gehen. Viele, meistens überflüssige, Gedanken zogen durch meinen Kopf. Ich überlegte mir sogar, dass ich mich im Elsass verstecken, oder gleich nach Amerika auswandern könnte.

Natürlich bin ich nach dem nächsten Wochenend-Urlaub wieder in die Kaserne eingerückt. Unterdessen hatte ich mich sogar mit der bevorstehenden Ausbildung mit Sprengstoff angefreundet. «Könnte man ja irgendwann mal gebrauchen», dachte ich mir. Montagmorgen ging's denn auch gleich los mit der Sprengausbildung. Und ausgerechnet mir wurde die Aufgabe zugeteilt, den Sprengstoff zu verwalten. Das hiess, dass ich dafür verantwortlich war, dass nichtverwendeter Sprengstoff, Zündschnüre und Sprengkapseln ordentlich in die entsprechenden Kisten und wieder ins Depot in der Kaserne kamen. Das Material war alles neu für mich. Hatte zuvor noch nie Sprengmittel gesehen, geschweige denn, in meinen Händen gehalten.

Der eigentliche Sprengstoff war eine Art Knetmasse, die in faustgrossen Würfeln in Papier eingeschlagen in einer Holzkiste lagerten. Alleine war dieses «Plastex» genannte Sprengmittel eigentlich ungefährlich. Um es zur Explosion zu bringen, brauchte es die sogenannten Sprengkapseln. Um den nötigen Sicherheitsabstand zu erreichen, wurden die Sprengkapseln mit Zündschnüren verbunden. Gefährlicher in der Handhabung war die zweite Art der in der Armee verwendeten Sprengstoffen: «Scheddite» hiess dieser Sprengstoff, der durch Schlag zur Explosion gebracht werden konnte. Das hiess für uns: Aufpassen bei der Handhabung, nicht fallenlassen! Ich hatte grossen Respekt vor den harten, schwarzen Würfeln. Mir war von Anfang an der Umgang mit dem «Plastex» lieber. Den knetbaren Sprengstoff fand ich sogar sehr schnell ein geniales Spielzeug. Man konnte die Masse wirklich kneten und in verschiedene Formen bringen.

Der Korporal versammelte uns im Kreis um einen kleinen Holztisch mitten in der Landschaft. Da zeigte er uns Stück für Stück, wie man einen Sprengsatz perfekt und vor allem sicher vorbereitete. Die Sache erschien mir viel einfacher, als ich mir das vorgestellt hatte. Das eine Ende der Zündschnur wurde in die Zündkapsel gesteckt. Dann musste man vorsichtig mit einer Flachzange das Ende der Zündkapsel flach drücken, damit die Zündschnur festgehalten wurde. Danach drückte man die Zündkapsel in die Knetmasse, den Sprengstoff, und fixierte das ganze mit einer dünnen Schnur. Voilà, das wars. – «Ist ja keine Hexerei», sagte ich und griff nach der Zündschnur-Rolle auf dem Tisch. «Stopp! Jeder bereitet jetzt einen Sprengsatz unter meiner Aufsicht vor», sagte der Korporal, «sonst wird die Sache gefährlich.»

Ich verspürte Ungeduld in mir aufsteigen. Das war ja jetzt nicht so kompliziert, dass man das mehrmals hätte üben müssen. Ich wollte es endlich knallen lassen. Der Korporal bestand aber auf einer «Trockenübung». Jetzt, wo mir erstmals in dieser Rekrutenschule etwas zu gefallen begann, wurde ich gebremst. Aber der Korporal blieb hartnäckig. Zudem musste er uns noch über Sicherheitsvorkehrungen, Signalisierungen und den minimalen Sicherheitsabstand zum Sprengsatz instruieren. «Und wenn die Zündschnur brennt, wird nicht gerannt!», sagte er. Und dabei blickte er nacheinander Jedem in der Runde in die Augen, um zu sehen, ob wir seinem Hinweis auch wirklich den gebührenden Ernst zuordneten.

Endlich erfolgte der Befehl. Als erste Übung mit dem Sprengstoff hatten wir die Aufgabe, einen Baum zu fällen. Ich verteilte hastig aber auftragsgemäss die benötigten Utensilien an meine Kollegen. Dann nahm auch ich mir einen «Plastex»-Würfel, eine Sprengkapsel und eine Rolle Zündschnur und entfernte mich von der Gruppe. Das Opfer, der Baum, war schnell ausgesucht. Er hatte einen Durchmesser von etwa zwanzig Zentimetern und stand – ungefähr sechs Meter hoch, aber total dürr – in einem kleinen Wäldchen hinter dem Material-Depot, dem grossen Holzschuppen. «Pass' ja auf, dass der Baum in die richtige Richtung fällt und nicht den Schuppen zerstört!», rief mir der Korporal hinterher. «Und ich will alles kontrollieren, bevor du zündest! – Verstanden?»

Natürlich bestätigte ich den Wunsch des vorgesetzten Unteroffiziers, hatte aber nie die Absicht, ihm diesen wirklich auch zu erfüllen. Unter uns Rekruten war längst stillschweigend ein kleiner Wettbewerb angelaufen: «Bei wem knallt es zuerst?» Der Korporal bemerkte die plötzlich entstandene Hektik unter uns Rekruten und wurde immer nervöser. Er fürchtete einerseits seine Degradierung wegen Kontrollverlust, und andererseits immer mehr um sein Leben, das wir – aus seiner subjektiven Einschätzung heraus – durch unser Verhalten immer mehr in Gefahr brachten.

Passiert ist nichts, ausser, dass durch meine Sprengladung zwei Fensterscheiben am Materialschuppen in Leidenschaft gezogen wurden. Auf jeden Fall hatte ich den internen Wettbewerb gewonnen, und von meinem Baum war nichts mehr zu finden, ausser dem zerfetzten Wurzelstock und Unmengen von Holzspänen, verteilt in einem Umkreis von dreissig Metern. Nach dieser Episode wurde ich als deren Urheber vom Sprengdienst suspendiert und durfte künftig nur noch das Material verwalten. Das war für mich das erste, offiziell verfügte regelmässige «Verschlaufen», denn ich durfte die Kisten mit den Sprengmitteln keine Sekunde aus den Augen lassen. Sprengen hatte ich ja gelernt, also beherrschte ich, zusammen mit dem Motorkettensägen, schon zwei nützliche Arbeiten.

Turnfest als Rettungsanker

Im sogenannt zivilen Leben war ich als Bauzeichner ausgebildet und tätig. Das verschaffte mir im Dienstbüchlein den Zusatzeintrag «Besondere Ausbildung – Minenzeichner». Habe allerdings bis heute nie erfahren, was ein Minenzeichner in der Armee wirklich zu tun hatte, und ich hatte mich auch nie wirklich dafür interessiert. Dass ich zeichnen konnte, und offenbar auch noch vom Bauen etwas verstand, wurde im Schulkommando, der Chefetage der Rekrutenschule, irgendwie zur Kenntnis genommen. Eines Morgens, beim Antrittsverlesen, wurden Kamerad Rolf Brüderlin und ich aufgerufen, uns unverzüglich beim Schulkommandanten zu melden. Weil ich mich an kein aktuelles «Vergehen» meinerseits erinnern konnte, ging ich relativ entspannt auf das Büro des Chefs zu. Kollege Rolf hatte schon irgend etwas davon vernommen, das der Grund für unseren Aufruf hätte sein können. «Es gibt eine Spezialaufgabe für uns», sagte er, als wir vor der Bürotüre des Kommandanten standen.

Wir meldeten uns militärisch korrekt an und der Kommandant befahl «Ruhn!», kam auf uns zu und erklärte: «Die RS hat den Auftrag erhalten, den Kommandoturm für's Eidgenössische Turnfest in Aarau aus Holz zu bauen». Mir war zwar auf Anhieb nicht ganz klar, was ich damit hätte zu tun haben können. Holzbau gehörte jetzt gar nicht zu meinen Kernkompetenzen. Rolf neben mir rieb sich grinsend die Hände und meinte: «Wir freuen uns, das ist eine gute Sache». Und damit es nicht allzusehr nach Freude aussah, fügte er mit ernster Mine hinzu: «Und sehr gut für's Image der Rekrutenschule!» Der Kommandant bestätigte dies und erklärte uns den Auftrag. Der Termin für die Fertigstellung des Turmes war durch Das Turnfest vorgegeben. Also war auch der Zeitraum klar definiert, der uns für Projektierung und Planung, und den Sappeuren für den Aufbau blieb. «Ab morgen seid ihr abkommandiert», schloss der Kommandant seine Erklärung ab, «wir haben für Euch ein Büro im ersten Stock der Kaserne eingerichtet. Ich erwarte Disziplin und gute

Arbeit von euch». – Wir salutierten «verstanden!» und der Kommandant legte seinen rechten Zeigefinger an die rechte Schläfe: «Also, viel Glück und: Abtreten!»

Es war ein absoluter Glücksfall, der sich da für uns abzeichnete. Wir konnten zwar zunächst die ganze Tragweite dieses Spezialauftrags noch nicht abschätzen, uns war aber vollkommen bewusst: Das kann nur von grossem Vorteil sein. Kamerad Rolf Brüderlein hatte ich bisher nicht gekannt. Er kam aus Basel und er studierte Architektur. «Ich denke, das werden wir schon schaffen», sagte Rolf, der noch etwas unsicher wirkte. Er hatte zu diesem Zeitpunkt wohl, wie ich, noch nicht den vollen Überblick über das, was uns da genau erwartete. Mir ging es damals genauso, aber mir war sofort klar: «Der Denker und der Macher, wenn das mal keine perfekte Voraussetzung für längerfristiges Verschlaufen war!» – Ich klopfte Rolf auf die Schulter und erklärte ihm schon mal einen ersten Vorteil unserer neuen Aufgabe: «Hauptsache, wir müssen all den militärischen Unsinn nicht mehr mitmachen!»

Meine erste Einschätzung der Lage, respektive der Vorteile davon, stimmte zwar nicht zu hundert Prozent. Wir waren, das hat uns der Feldweibel tags darauf eindringlich erläutert, schon noch verpflichtet, jeden Morgen am Antrittsverlesen im Kasernenhof teilzunehmen. Während den restlichen Rekruten das Tagesprogramm erklärt wurde, entliess uns jeweils der Feldweibel mit dem Satz «Kleiber und Brüderlin, abtreten zum Spezialeinsatz!» in die «Freiheit» unseres neuen Wirkungskreises. Am Abend hatten wir wieder pünktlich und mit allen andern Rekruten zum Nachtessen anzutreten. Was aber zwischen diesen beiden Events geschah, lag vorerst allein in unserer Macht. Das Büro, ein leergeräumter, unbenutzter Schlafraum, am Ende des langen Ganges, im ersten Obergeschoss der Kaserne, war spärlich mit zwei Tischen und zwei Bürostühlen ausgestattet. «Da haben wir schon noch ein paar zusätzliche Ansprüche», stellte Rolf am ersten Morgen unseres Spezialeinsatzes fest, «ich brauche einen Zeichnungstisch und mindestens zwei Tische, um Pläne auslegen zu können.

Am ersten Tag waren wir schliesslich damit beschäftigt, die Liste der benötigten Materialien und Mobilien zusammen zu stellen. Als wir diese dem Feldweibel, unserem direkten und einzigen Ansprechpartner, überreichten, schlug er die Hände über dem Kopf zusammen. «Um Himmelsgottswillen, was habt ihr beiden denn vor?!» – «Wir wollen unseren Spezialauftrag doch zur Zufriedenheit Aller so perfekt wie möglich ausführen», erklärte ihm mein Architektenkollege, «und das ist die minimale Ausstattung dafür.»

Klar, hat man uns die Utensilien unverzüglich beschafft. Bereits zwei Tage später fuhr ein Armeelastwagen im Kasernenhof vor, der zwei (!) Zeichentische und andere Büromöbel brachte. Nun stand unserem Spezialauftrag nichts mehr im Wege. Unser «Büro» musste vorerst noch als «Geheimsache» behandelt werden. Man wollte damit verhindern, dass andere Rekruten uns als «privilegiert» betrachteten. «Nicht einmal alle Offiziere und Unteroffiziere wissen von der Sache», erklärte uns der Feldweibel mit erhobenem Zeigefinger. Der Mann war unterdessen zu einer Art «Verbündeter» zu uns geworden, er schien die Situation auf jeden Fall zu geniessen. Und er nutzte diese auch sehr gerne und zunehmend als Grund dafür, sich vom allgemeinen Kasernenbetrieb zurück zu ziehen. Er verschlaufte sich regelmässig in unserem Büro – manchmal auch nur, um heimlich eine Zigarette zu rauchen. An der Türe brachte er einen weissen Karton an, auf dem in grossen Buchstaben stand «Eintritt verboten».

Ernst, der Feldweibel, war im zivilen Leben Landwirt. Ein geselliger Typ, der aber, wenn ihm eine Situation zu kompliziert erschien und über den Kopf zu wachsen drohte, schon mal innert Sekundenbruchteilen zum Tyrannen werden konnte. Das hatten wir bereits zu Beginn der Rekrutenschule bei den diversen Instruktionen erfahren. Wenn ein Rekrut auch beim dritten Anlauf seine Wolldecke nicht faltenfrei aufs Bett drapieren konnte, flippte Ernst aus, stampfte im Zimmer auf und ab und erteilte unsinnige Strafbefehle: «Du rennst jetzt fünfmal im Treppenhaus vom Keller in der ersten Stock und zurück! Los, abtreten!» – Oder: «Zwanzig Liegestütz! Jetzt! Hier, vor allen Kameraden. Los!» Es konnte für uns also nur von Vorteil sein, wenn wir Ernst als «Verbündeten» behielten und sein Verschlaufen bei uns ebenfalls als «Geheimsache» behandelten.

Irgendwie war dem Schulkommandanten bei der Sache mit unserem Spezialauftrag noch nicht ganz wohl. Er schien uns Baslern nicht hundertprozentig zu vertrauen und suchte anfänglich offensichtlich nach einer Art Absicherung seines Entscheides. Die Aufgabe, die er uns – mangels Alternativen – zugewiesen hatte, war ja weit entfernt von einer militärischer Ausbildung. Er suchte nach einer Rechtfertigung seines Entscheides gegenüber seinen höheren Vorgesetzten. Der Kommandant betrat am dritten Tag frühmorgens überraschend unser Büro. Wir erhoben uns von den Stühlen und salutierten brav und militärisch korrekt. Das hatte uns der Feldweibel ans Herz gelegt: «Haltet euch bitte, bitte immer an die militärische Ordnung und grüsst perfekt, sollte sich einer der Offiziere – oder sogar noch höhere Häupter – in diesen Raum verirren!» Der Kommandant kam gleich zur Sache und zu einer neuen Dienstanweisung. «Ihr seid immer noch in der militärischen Ausbildung, das ist euch doch klar. Also verlange ich, dass ihr zumindest zeitlich das gleiche Pensum, wie eure Rekrutenkameraden erfüllt.» Das hiess für uns übersetzt, dass wir, sollten unsere Kameraden eine Nachtübung durchführen, bis zu deren Rückkehr in die Kaserne in unserem Büro zu arbeiten hatten. «Und sollte es mal eine ganze Nacht dauern», fügte der Kommandant hinzu, «ihr müsst hier im Büro arbeiten!»

Wir hatten den neuen Befehl zwar demütig angenommen und mit «Verstanden!» bestätigt, konnten uns aber kaum mit unserer Freude darüber zurückhalten. Rolf, der in jeder Situation sehr besonnen war, erklärte dem Kommandanten: «Das kommt uns sehr entgegen, Herr Kommandant, denn wir brauchen diese zusätzliche Zeit, um die Termine einhalten zu können.» Natürlich hatten wir ausreichend Zeit, unseren Spezialauftrag auszuführen. Unser Glück war, dass weder der Schulkommandant noch der Feldweibel eine Ahnung von Architektur und Bauzeichnen hatten. Unser «Verschlaufen» war durch den Kommandanten noch zusätzlich perfektioniert worden.

Die nächsten Tage – inklusive zwei «Nachtübungen» – verbrachten wir damit, diesen «Kommandoturm» zu planen, zu gestalten. Die Vorgaben waren klar: Aus Holz muss er sein, nicht höher als sechseinhalb Meter und die Sappeure müssen ihn mit ihren Hilfsmitteln selber bauen können. Und für das ganze Projekt blieben nur noch neun Wochen Zeit. Brüderlin erstellte unzählige Skizzen. Er legte sie mir immer wieder vor und wir diskutierten darüber. «Eigentlich ist mir egal, wie der Turm schlussendlich aussieht», sagte ich, «wichtig ist, dass wir für die Realisierung die nächsten neun Wochen ausfüllen!» Brüderlin lachte und zwinkerte mir zu: «Da mach' dir mal keine Sorgen!» Rolf hatte sehr gute Ideen für die Form des Turmes. Ich war jeweils schwer beeindruckt. Nur, die Umsetzung der Ideen war eine andere Sache. da kam ich, als Pragmatiker und Statiker ins Spiel. Nach einigen Tagen hatten wir uns für zwei Varianten entschieden, die wir dem Kommandanten vorlegen konnten.

«Das wird ein schwieriger Entscheid», stellte der Kommandant fest, nahm seinen Offiziershut vom Kopf und kratzte sich in den Haaren. «Sehr gute Arbeit, Leute, aber den Entscheid werde ich den Organisatoren des Turnfestes übertragen». Das Lob des Kommandanten sogen wir natürlich genüsslich in uns auf. Wer sich für welche Turm-Variante entscheidet, war uns egal. Auf jeden Fall war unser Spezialeinsatz mit der Zustimmung des Kommandanten für die nächsten neun Wochen gesichert. Rolf erstellte einen detaillierten Terminplan für uns, bis hin zur Bauabnahme und Einweihung. – Letzteres wurde durch den Kommandanten allerdings gestrichen. «Kommt nicht in Frage, dass ihr an einer Einweihung teilnehmt! Ihr seid in militärischer Ausbildung, vergesst' das nie!»

Während unserer Arbeit an den Ausführungs- und Detailplänen erlaubten wir uns schon das eine oder andere Mal gewisse zusätzliche Erleichterungen. Diesbezüglich wurden wir immer risikofreudiger. Während einer nächsten Nachtübung, an der die ganze Rekrutenschule inklusive Schulkommando beteiligt war, schlichen wir uns aus der Kaserne und gönnten uns in der Stadt Brugg eine Pizza und zwei, drei Biere. Bevor die Truppe wieder in die Kaserne zurückkehrte, schlichen wir uns wieder in unser Büro. Und als der Feldweibel seinen Kontrollbesuch machte, zeigten wir uns total erschöpft und glücklich darüber, endlich ins Bett gehen zu können. Solche Ausflüge erlaubten wir uns noch zwei-, dreimal. Eines späten

Abends aber, als wir uns wieder ins Büro schlichen, sass da Ernst, der Feldweibel, mit düsterer Mine und verschränkten Armen auf meinem Stuhl. «Woher kommt ihr?!» – «Und versucht ja nicht, mir irgendwelche Ausreden aufzutischen, ich weiss, dass ihr in der Stadt wart! Und, versichert euch, ich werde herausfinden, wo ihr wart!» Der Feldweibel liess uns nicht zu Wort kommen. Wir brauchten ihm auch wirklich nichts vormachen zu wollen, der war, roch er eine Ungereimtheit, unerbittlich. «Hey, lieber Ernst», begann ich vorsichtig und stotternd, «wir, eh, wir krampfen hier doch auch Tag und Nacht. Deshalb, eh, erlaubten wir uns einmal diesen Ausflug. Wir hatten Hunger, und das Essen kannst du uns ja nicht verbieten…»

Ernst der Feldweibel wurde noch ernster in seinem Gesichtsausdruck: «Ihr wisst, dass ihr hier in der Kaserne verpflegt werdet. Und ihr dürft auf keinen Fall raus!» Da erinnerte sich der besonnene Kollege Rolf an ein für uns glückliches Detail: «Die Nachtübung war doch als Überlebensübung angelegt», sagte er dem Feldweibel, «und die Truppe hatte das Nachtessen selber im Felde zu kochen. Du glaubst doch nicht, dass wir hier im Büro einen Gaskocher installieren und selber kochen!» Der Feldweibel zuckte zusammen, erhob sich von meinem Stuhl und ging zur Fensterfront. «Du hast für einmal recht: Das haben wir übersehen. Ich werde dem Fourier eine entsprechende Meldung machen – inklusive Zusammenschiss». Wir waren gerettet und erhielten für unsere Eigeninitiative sogar noch Lob des Vorgesetzten. «Gute Soldaten wissen sich in jeder Situation zu helfen», sagte er, «ist ja nirgends vorgeschrieben, wo man die Verpflegung besorgen darf, oder nicht».

Der Feldweibel verschwieg gegenüber dem Kommandanten unseren «Ausrutscher», aber es liess ihm keine Ruhe, dass wir vollkommen straflos aus der Affäre gingen. Er fand, dass wir in seiner Schuld stünden. Eines Tages kam er in unser Büro. «Ihr seid doch Architekten, oder», begann er, «ihr könntet doch – als kleine Strafe – etwas für mich tun.» Er erzählte uns, dass er gedenke, nach Abschluss der Rekrutenschule für sich ein Einfamilienhaus zu bauen. «Nichts spezielles, ein kleines Haus, mit Garage und drei Schlafzimmern», fügte er hinzu. Rolf schaute mich mit erhobenen Augenbrauen an.

«Was meinst du dazu? Das dürfen wir doch nicht machen, hier, während der Dienstzeit.» Der Feldweibel wandte sofort ein: «Doch, doch, ich gebe euch die Erlaubnis dazu – und, es braucht ja niemand zu erfahren…» Rolf blieb hart. «Das kann ich nicht tun. Ich bin Architekt und kleine Einfamilienhäuser sind zudem nicht mein Spezialgebiet». Und zu mir gewandt sagte er: «Du kannst das machen, wenn du willst. Ich habe nichts dagegen und werde auch darüber schweigen.» Der Feldweibel schaute mich fragend an. «Und, machst du das für mich? Das wäre super. Weisst du, ich brauche nur eine geniale Idee für den Grundriss, die Aufteilung der Zimmer. Ist doch eine Kleinigkeit für dich!» Ich willigte schliesslich ein. Sollte ja kein Problem sein, so ein Einfamilienhaus zu planen. Und Zeit hatten wir ja ausreichend für eine zusätzliche Aufgabe. Der Feldweibel kam freudestrahlend auf mich zu, streckte mir die Hand entgegen und sagte: «Danke vielmals! Dafür bekommst du jeden Tag ein Dessert von mir…»

In den folgenden Tagen beschäftigte ich mich also mit den Plänen für ein Einfamilienhaus. Der Grundriss war schnell skizziert und die detaillierten Pläne entstanden auch in kürzester Zeit. Nach einer Woche präsentierte ich dem Feldweibel sein neues Heim. Er war begeistert, bedankte sich überschwänglich, rollte unverzüglich die Pläne zusammen und verschwand damit. Der zusätzliche Geheimauftrag war also erfüllt. Nur, geheim blieb die Sache doch nicht so ganz. Der Feldweibel konnte sich offensichtlich nicht zurückhalten mit seiner Freude über sein Privatprojekt. Plötzlich stand der Fourier, der eigentlich für die Beschaffung von Lebensmitteln zuständig war, in unserem Büro. «Hey, Kleiber, zeichnest du für mich auch ein Einfamilienhaus?» In diesem Moment schritt Kollege Rolf rettend ein: «Das geht leider nicht, denn wir sind mit unseren Terminen etwas im Rückstand. Stellen sie sich vor, wenn wir sie und ihren Hauswunsch als Urheber dafür nennen müssten!» Der Fourier zog seine Anfrage sofort zurück und bat uns um Entschuldigung und diesbezügliche Verschwiegenheit. Nachdem er den Raum verlassen hatte, bedankte ich mich bei Rolf. «Das wäre ja der Gipfel, wenn sich unser Einsatz hier noch in Arbeit auswirken würde!»

Termingerecht übergaben wir die Pläne für den Kommandoturm dem Schulkommandanten. Dann räumten wir widerwillig unser Büro. Ernst der Feldweibel hatte uns offiziell das Ende unseres Spezialeinsatzes mitgeteilt. «Jetzt geht's für euch wieder zur Truppe und zum normalen Dienst». Wir hätten weinen können, denn uns war beiden bewusst, was das zu bedeuten hatte. Täglich Kampfanzug und Übungen draussen, in der brutalen Natur. Täglich Material reinigen. Täglich exerzieren und marschieren. Tagtäglich, aus unserer Sicht nutzlose Tätigkeiten. Am ersten Tag unserer Rückkehr zum «normalen» Dienst regnete es zu allem Überfluss auch noch in Strömen...

Ausstieg über das Bezirksspital

Mitte April standen wir in der elften Woche der Rekrutenschule. Ich hatte eben zusammen mit meinem Basler Kameraden den Spezialauftrag «Kommandoturm» abgeschlossen und ich war wieder zum normalen Dienst mit der Truppe verpflichtet. Es regnete in diesen Tagen ununterbrochen. Und für mich war es die Hölle, mich jeden Tag draussen in der freien Natur mit Schwerstarbeit abzurackern. Wir schleppten Holzbalken, Eisenbahnschienen und Stahlträger vom Depot bis ans Ufer der Aare. Dort wurden aus dem schweren und groben Material Stege und Brücken gebaut und wieder auseinandergenommen. Dann erfolgte der Rücktransport des Materials ins Depot. Von Fahrzeugen oder Pneu-Ladern hatte man damals in der Schweizer Armee offensichtlich noch nichts gehört. Wir schleppten das schwere Zeugs von Hand.

In diesen Tagen lernte ich zumindest, wie man schwerste Dinge tragen kann. «Du gehst in die Knie, greifst dir den Balken und stehst einfach wieder auf», erklärte mir Korporal Martin Cron, der etwas gröber muskulös war, als ich. «Du darfst einfach nicht mehr loslassen…» Solche Tipps waren in jenen Augenblicken aber wenig hilfreich. Vor allem waren wir täglich durchnässt bis auf die Unterhosen, was sehr wenig zur guten Stimmung beitrug. Das April-Wetter erschwerte uns die Arbeit zusätzlich und machte uns kaputt. Ich war bei der Rückkehr in die Kaserne jeden Tag erschöpfter.

Die Situation, in der ich mich befand, wurde für mich unerträglich. Ich verstand nicht, wie die anderen Rekruten diese Strapazen aushielten. Die schienen die ganze Tortur locker über sich ergehen zu lassen. Die sogenannten Kameraden hatten, im Gegensatz zu mir, einige, wenn auch kleine, Lichtblicke pro Tag. Die einzige «Freiheit», die man als Rekrut offenbar geniessen konnte, waren die vielen, per

Befehl verordneten Rauchpausen. Da zückten alle die «Süchtlinge» wie ferngesteuert ihre Zigaretten und genossen einige Minuten der Ruhe. Was aber machte ich als Nichtraucher? Ich stand frierend in der Landschaft. Manchmal verbrachte ich die Zeit damit, einen Schokoriegel zu geniessen. Wenn ich aber am Morgen vergessen hatte, diese kleine Zwischenverpflegung einzustecken, stand ich nur regungslos an einen Baum gelehnt da. Immer aber mit schier erfrierenden Fingern. Eines Tages überlegte ich mir, dass die Glut einer Zigarette vielleicht wärmend wirken könnte. Irgendwas musste doch an diesen Glimmstengeln sein, das die Kameraden während jeweils fünf Minuten so glücklich machen konnte.

In meiner Verzweiflung tat ich schliesslich den folgenschweren Schritt: Ich kaufte mir eine Schachtel Zigaretten und ein Feuerzeug. Beim ersten Befehl «Rauchpause» steckte ich mir, wie alle Anderen, eine «Marlboro» an. Ich rauchte die Zigarette ganz zu Ende. Und tatsächlich, wenn ich den Glimmstängel jeweils mit meinen Händen umschloss, hatte ich das Gefühl von Wärme. Vor allem aber hatte ich nun plötzlich auch etwas zu tun, wenn zur «Rauchpause» befohlen wurde. Dass ich damals, in meiner Verzweiflung, den Schritt zum Raucher tat, dafür mache ich die Schweizer Armee bis heute verantwortlich. Die Fantasie einer ganzen Generation von Offizieren in der Armee reichte über Jahre nicht aus, um eine adäquate Alternative für die Nichtraucher während den Rauchpausen zu finden. Nichtraucher schienen für die Armee nicht zu existieren. Ich wagte sogar einmal die Feststellung, dass diese Rauchpausen im Militärdienst wohl von der Tabakindustrie erfunden und durch diese gesponsert würden.

Nach einer Woche war ich nicht nur schwer erkältet, ich verspürte immer stärkere Bauchschmerzen. Und die zirka zehn Zigaretten, die ich neuerdings pro Tag rauchte, brachten auch keine spürbare Verbesserung. Zu allem Überfluss war ich übers Wochenende auch noch zur Sonntagswache eingeteilt worden. Es wurde für mich zum längsten Wochenende meines bisherigen Lebens. Die Bauchschmerzen liessen nicht nach. Ich konnte mich kaum gerade halten, geschweige denn, das Sturmgewehr tragen. Ich verkroch mich im Wachzimmer auf die Liege. Meinem Kollegen sagte ich, er solle mich in Ruhe lassen und ja nicht auf die Idee kommen, mich um einen Rundgang durch die Kaserne zu bitten. «Vergiss' mich bitte. Ich bin nicht hier», sagte ich ihm, «ich kann mich nicht mehr bewegen...» Mein Kollege akzeptierte das, fragte aber total verunsichert, was er denn sagen soll, falls ein Offizier zur Kontrolle vorbeikomme. «Das ist mir egal! Sag' einfach, ich sei gestorben, oder vom Feind gekidnappt worden.»

Ich schaffte es, bis zum Sonntag Abend – vor allem auf dem Feldbett im Wachraum liegend – durchzustehen. Am Montagmorgen meldete ich mich im Krankenzimmer der Kaserne. «Ich halt' es nicht mehr aus! Ich brauche ein starkes Medikament», erklärte ich dem Sanitäter. Der Mann machte die üblichen Tests wie Blutdruck, Puls und Fieber, dann ordnete er an, dass ich im Krankenzimmer stationär aufgenommen werde. Gegen Mittag – meine Bauchschmerzen waren durch die Schmerztabletten, die ich verabreicht bekommen hatte, etwas schwächer – erschien dann endlich ein Arzt, der mich genauer untersuchte. «Ich kann nichts Ungewöhnliches finden», erklärte er seinem Kollegen, den er beigezogen hatte. Beim folgenden Getuschel unter den beiden Truppenärzten hörte ich ganz deutlich den Ausdruck «Simulant». Am zweiten Tag setzte sich der Truppenarzt neben mich auf den Bettrand und fragte mich in fast kollegialem Ton: «Jetzt mal ganz ehrlich, sind die Schmerzen wirklich immer noch so stark, wie am Anfang? Es gibt keinerlei Anzeichen für eine Entzündung, oder einen sonstigen Grund.» Er tastete nochmals vorsichtig meinen Bauch ab und an einer Stelle hatte ich das Gefühl, er würde mir ein Messer in den Bauch stecken. Ich schrie. Der Arzt wich zurück. – «Es bleibt keine andere Lösung, als sie in ein ziviles Spital zu überweisen». Ich konnte mit dieser Mitteilung überhaupt nichts anfangen. Es war mir bereits völlig egal, was weiter mit mir passierte oder passieren sollte.

An nächsten Morgen wurde ich schliesslich ins Bezirksspital Brugg überführt. Per «Evakuation», wie im Dienstbüchlein durch Schularzt Leutnant Tiller vermerkt wurde. Im Spital verpasste man mir stärkere Schmerzmittel, sodass ich den Abend und die erste Nacht relativ entspannt verbringen konnte. Am andern Morgen teilte mir ein Arzt mit, dass man bei mir eine Blinddarm-Entzündung vermute und dass man noch gleichentags die Operation vorgesehen habe. Zu jenem Zeitpunkt war ich körperlich und psychisch nicht mehr in der Lage, auf irgendetwas zu reagieren oder einen Entscheid zu fällen. Ich liess die Dinge um mich herum einfach geschehen. Zeitweise hatte ich, das wurde mir später erklärt, das Bewusstsein verloren. Auf jeden Fall lag ich mit meinem Spitalbett plötzlich in einem langen Korridor. «Wir bringen sie jetzt in den Operationssaal», erklärte mir eine junge Krankenschwester, «wir haben ihnen bereits eine Beruhigungsspritze gegeben, machen sie sich keine Sorgen».

Im Operationssaal, das war das erste Mal, dass ich mich in einer solchen Lokalität befand, wurde ich auf den Operationstisch gehoben. Und da lag ich, auf dem Rücken, schaute die mit Stuckatur verzierte, weisse Decke an und fühlte mich zum ersten Mal seit Tagen schmerzlos zufrieden. Die Krankenschwestern erklärten mir freundlich alle Dinge, die sie als Vorbereitung zur Operation rund um mich unternahmen. Ich verfolgte dies absolut gleichgültig. Die letzten Momente, bevor die Narkose bei mir wirkte, blieben mir bis heute in Erinnerung. Ich legte meinen Kopf zurück und sah durch ein offenes Fenster hinaus. Dort stand eine grosse Buche und auf einem der dicken Äste des Baumes sass ein Aasgeier. – Später erzählte mir eine der Schwestern verschmitzt grinsend: «Vor dem Einschlafen auf dem Operationstisch sagten sie dem Chirurgen, dass man bitte den grossen Vogel vor dem Fenster vertreiben soll».

Ich wachte in einem für mich völlig fremden Raum auf. Alles war weiss und grell. An der Wand hing eine Uhr, die 14:15 Uhr anzeigte. Ich versuchte, mich zu erinnern, was geschehen war. Mir wurde bewusst, dass mir ein paar Stunden meines Lebens fehlten. Die waren einfach weg. Da war – zumindest für mich – absolut nichts geschehen. Schmerzen verspürte ich keine mehr. Plötzlich erschien über mir das freundliche Gesicht einer Krankenschwester. «Hallo, willkommen zurück. Wie geht es ihnen? Wie fühlen sie sich?». Ich wusste nicht, was ich antworten sollte. Ich fühlte überhaupt nichts, und das war im Moment für mich das Beste. «Schauen sie mal, wer da ist», sagte die Schwester. Ich drehte den Kopf und sah neben meinem Bett meine Eltern. «Ha, wo kommt ihr denn her?», fragte ich sie. «Ja, was denkst du denn, man hat uns angerufen und informiert darüber, dass du hier bist», erklärte mir meine Mutter. Sie versuchte erfolglos ihr besorgtes Gesicht durch ein Lächeln zu verbergen. «Was ist denn überhaupt geschehen?», fragte meine Mutter, und da ich selber nicht genau wusste, was abgelaufen war und wie ich in diese Situation geraten bin, sagte ich ehrlich: «Ich habe keine Ahnung.»

Der Chirurg erklärte mir dann später, bei seiner Visite, dass man aus Ratlosigkeit über den Grund meiner Schmerzen und meiner ständig steigenden Körpertemperatur beschlossen hatte, meinen Bauch zu öffnen und nachzuschauen. «Bei der Gelegenheit haben wir gleich mal ihren – allerdings völlig gesunden – Blinddarm entfernt». Ich sollte noch ein paar Tage unter Beobachtung im Spital bleiben. «Dann werden wir sehen, wie's weiter geht», sagte der Arzt und wünschte mir gute Besserung.

Heute, Jahrzehnte nach diesem Ereignis, wage ich die Behauptung, dass man im Spital von Brugg damals, während des Eingriffs, einfach übersehen hatte, dass ich mir bei den schweren Arbeiten schlicht und einfach mindestens einen Leistenbruch, eher aber deren zwei, zugezogen hatte. Die Leiste vernarbte im Verlaufe der Zeit. Und erst exakt sechzig Jahre später sollten mir diese alten Verletzungen wieder zum Verhängnis werden und für mich eine ganze Reihe an chirurgischen Eingriffen auslösen…

Im Bezirksspital Brugg lag ich in einem Einzelzimmer. Der Betrieb dieser Klinik war damals aber nach ganz speziellen Kriterien organisiert. Ich durfte, nach der Operation, nur ganz wenig Wasser, höchstens mal zwei, drei Gläser Tee zu mir nehmen. Ich war in die Horizontale gezwungen, also verbrachte ich Tag und Nacht liegend im Bett. Nach zwei Tagen war ich total ausgeruht und konnte praktisch nicht mehr schlafen. Also verbrachte ich die meiste Zeit des Tages mit Lesen – Fernseher gab's damals ja noch nicht in Spitalzimmern. Jeden Vormittag machte ein junger Pfleger im Spital die Runde. Er ging von Zimmer zu Zimmer und nahm von den Patienten Bestellungen für Getränke, allenfalls für Süssigkeiten und spezielle Literatur auf. Bei mir bemerkte er jeweils auf seinem Rundgang «Ah, sie dürfen nicht!» und ging wieder weiter. Ich litt enorm, denn ich hatte ständig das Gefühl zu verdursten. Ich träumte von einem grossen Glas Coca-Cola, oder einem frisch gezapften Bier.

Am fünften Tag meines Aufenthaltes machte ein anderer Pfleger den Bestellungs-Rundgang von Zimmer zu Zimmer. Da die Türe zu meinem Zimmer meistens offen stand, hörte ich den Mann immer näher kommen. Schliesslich stand er plötzlich auch neben meinem Bett, den Notizblock und den Kugelschreiber bereit zur Entgegennahme meiner Bestellung. Offensichtlich wusste der Mann nichts vom Trinkverbot, das für mich galt. Ich beschloss innert Sekundenbruchteilen, dass ich heute etwas bestellen werde. Ich überlegte, dass sich Cola nach dieser langen «Abstinenz» vielleicht zu schockierend auf meinen Körper auswirken könnte. Also bestellte ich eine Flasche Mineralwasser, «mit Gas bitte», fügte ich hinzu. Der Mann notierte brav meine Bestellung, bedankte sich und verschwand. Ich war gespannt darauf, ob ich tatsächlich diese Flasche Mineralwasser bekommen würde.

Tatsächlich erschien nach einiger Zeit der junge Pfleger und stellte eine wunderbare Mineralwasserflasche auf den Nachttisch neben meinem Bett. Ich strahlte innerlich vor Glück, verspürte aber doch einen Rest von Hemmung, weil die Bestellung ja illegal war. Ich nahm die Flasche und versteckte sie am Boden, zwischen dem Fuss des Bettes und der Rückwand. Ich wollte damit absichern, dass nicht eine der aufmerksamen Schwestern mir den bevorstehenden Trinkgenuss noch vermiesen konnte. Ganze zwei Tage hielt ich mich noch zurück. Meine Gedanken kreisten aber praktisch ununterbrochen rund um die Mineralwasserflasche. Ab und zu – in ruhigen Momenten – nahm ich die Flasche, öffnete den Drehverschluss und liess Kohlensäure entweichen. Ich hatte mir überlegt, dass die Kohlensäure vielleicht doch etwas zu aggressiv für meine Innenorgane sein könnte. Den Vorgang wiederholte ich regelmässig.

Dann, in einer Nacht, konnte ich nicht mehr widerstehen. Ich griff nach der Flasche, mein Griff ging aber ins Leere. Die Flasche, die ich hinter der Rolle des Spitalbettes versteckt hatte, war nicht mehr da. Angst machte sich breit. Ich drehte mich liegend auf die Seite, damit ich einen grösseren Überblick hatte. Da sah ich die Flasche. Sie war irgendwie unter das Bett geraten. Da meine Absicht, zu trinken, illegal war, konnte ich niemanden vom Personal um Hilfe bitten. Es gelang mir schliesslich, mit Hilfe des langen Telefonkabels, das ich zu einer grossen Schlaufe formte, die Flasche in Griffnähe zu hangeln. Aufatmen. Ich öffnete die Flasche, setzte sie an meinen Mund und trank. Ich genoss, wie das immer noch sprudelnde Wasser durch meinen Mund in den Rachen und schliesslich die Speiseröhre hinunter lief. Ich hatte selten einen solchen Genuss verspürt. Und ich setzte die Flasche erst wieder ab, als sie leer war. Ich war in diesem Moment und für wenige Augenblicke der glücklichste Mensch auf dieser Erde.

Das Glück hielt nicht sehr lange an: Plötzlich war der Schmerz im Bauch wieder da. Und der Schmerz steigerte sich, ich dachte, dass ich demnächst explodieren würde. Dann war plötzlich Stille um mich herum. Ich wachte wieder auf, lag im Spitalbett. Auf meinen Beinen sass ein Arzt, der offenbar meinen Brustkorb massiert hatte. Rundherum sah ich besorgte Gesichter einiger Krankenschwestern. «Gottseidank!», rief der Arzt aus, «da sind sie ja wieder!» Freude machte sich in der Runde breit. Einzig ich begriff nicht, was geschehen war. Das wurde mir erst später an diesem Tag erklärt. Nach dem «Genuss» meines Mineralwassers hatte mein Körper offenbar kollabiert. Eine Krankenschwester entdeckte dies zufällig und schlug Alarm. Dann setzte meine Wiederbelebung ein.

Von diesem Augenblick an aber veränderte sich alles. Ich durfte wieder normal trinken und leichte Mahlzeiten zu mir nehmen. Mein Verdauungstrakt begann in kleinen Schritten wieder normal zu funktionieren. Jedes Quäntchen Luft, das meinen Dickdarm verliess, wurde wie ein freudiges Ereignis gefeiert. Nach zwölf Tagen fühlte ich mich wieder fit. Und prompt an diesem Tag erschien Truppen- und Schularzt Triller in Uniform in meinem Zimmer. Mir wurde auf einen Schlag wieder bewusst, wo ich eigentlich ursprünglich war. Der uniformierte Arzt fragte, wie es mir gehe, und ich wagte kaum das Wort «gut» zu formulieren. Ich hatte zu grosse Angst vor den möglichen, respektive logischen Folgen: Zurück in die Kaserne! –

Leutnant Triller aber händigte mir ein Blatt aus, auf dem ich den Stempel «Vom Dienst dispensiert» erkennen konnte.

Tags darauf wurde ich von einem Soldaten mit einem Militär-Jeep im Spital abgeholt und in die Kaserne gefahren. Dort hatte der Feldweibel bereits meine persönlichen Sachen, die Effekten, wie es im Militär hiess, zusammengepackt. Ich verabschiedete mich vom Feldweibel. Er war die einzige Person, die in diesem Moment anwesend war. Dann fuhr mich der Soldat an den Bahnhof und ich trat die Reise in die Freiheit an.

Zweiter Anlauf mit Arrest

Ein ganzes Jahr war ich «vom Dienst dispensiert». Ich vergass dabei total, dass ich von den obligaten siebzehn Wochen Rekrutenschule nur deren zwölf absolviert hatte. Es fehlten mir also ganze fünf Wochen an militärischer Ausbildung. Und die Armee liess nicht locker, die bestand darauf, dass ich die siebzehn Wochen durchführte. Zunächst erhielt ich eines Tages das Aufgebot, mich bei der allseits gefürchteten medizinischen Untersuchungskommission (UC) zu melden. Da entschied der Oberfeldarzt jeweils über Tauglichkeit oder Untauglichkeit für den Militärdienst. Der Mann hatte meine Krankengeschichte vor sich auf dem Tisch liegen. «Na, geht es ihnen besser?», war die obligate Frage des Arztes. Ohne auf meine Antwort zu warten, sagte der Mann: «Ich denke, wir dispensieren sie noch ein Jahr vom Dienst, damit wir sicher nichts riskieren. Sie haben eine etwas seltsame Krankengeschichte». Ich hätte dem Mann um den Hals fallen können, als er seinen Stempel mit dem wunderbaren Schriftzug «Dienstuntauglich» auf ein Blatt drückte. Allerdings fügte er von Hand den Vermerk «dispensiert für ein Jahr» hinzu. Im Augenblick waren mir solche Details allerdings egal. Hauptsache ich blieb in «Freiheit».

Die «Freiheit» dauerte tatsächlich ziemlich genau ein Jahr. Dann erhielt ich ein neues Aufgebot. Ich hatte, zur Absolvierung der letzten fünf Wochen Rekrutenschule, in der Kaserne Brugg vorzusprechen. «Komm', die fünf Wochen schaffst du mit Links», sagte mein Vater, als er meine betrübte Miene sah. Das Aufgebot passte mir in jenem Moment überhaupt nicht ins Konzept. Eigentlich hatte ich darauf gehofft, dass meine «Untauglichkeit» für die Schweizer Armee auf's ganze Restleben ausgedehnt würde. Zudem war ich frisch verliebt, und eine auch nur fünfwöchige Fernbeziehung bereitete mir bereits bei der Vorstellung derselben grosse Sorgen. Aber, es schien keinen Ausweg mehr zu geben. Eigentlich kamen in jener Zeit für mich alle Veränderung ungelegen. In meinem Job im Ingenieurbüro waren gerade zwei interessante Projekte angelaufen, die ich zu betreuen hatte, und die exakt zu jenem Termin starten sollten, wo die Armee mich wieder sehen wollte. Es half nichts mehr. Meine Einsprache gegen das Aufgebot zur Rekrutenschule wurde ohne längere Begründung abgelehnt.

Anfang Oktober war der Termin für's Einrücken gekommen. Ich suchte widerwillig meine persönlichen Effekten zusammen und packte Rucksack und Effektentasche. «Jetzt musst du nur noch zum Coiffeur», sagte mein Vater, «mit dieser Frisur nehmen sie dich nicht». Meine ausgeprägte Neigung zum Protest war stärker. Ich rückte, entgegen aller Befehle und Weisungen, in Zivilkleidern und viel zu langen Haaren ein. Mein Vater hatte mich vor dem Büro der Kaserne Brugg aus dem Auto aussteigen lassen und mit mit den Worten: «Mach's gut. – Aber das wird bestimmt nicht gut ausgehen...»

Ich meldete mich pünktlich, das heisst, keine Minute zu früh, aber auch keine Minute zu spät, auf dem Büro des Schulkommandanten. Es war ein anderer Kommandant, als bei meinem ersten Teil der Rekrutenschule. Der Offizier schaute mich kurz von unten bis oben an und setzte zu einer längeren Schimpftirade, begleitet von der Auflistung diverser militärischer Vorschriften, zu denen ich damals überhaupt keinen Zugang hatte. Gestört hat den Kommandanten offensichtlich in erster Linie, dass ich in Zivilkleidern erschienen war. Dann störte ihn meine Frisur und die Tatsache, dass ich die militärischen Effekten vor dem Schulkommando auf dem Trottoir deponiert hatte. Der Mann schien richtig genervt, als hätte ich ihm persönlich etwas angetan. Den «Topf» zum Überkochen brachte ich schliesslich mit meiner Bemerkung: «Regen sie sich doch nicht so auf, ich bin ja da, und das ist doch das Wichtigste!»

Der Kommandant übergab mich per Befehl dem unterdessen erschienenen und mir ebenfalls völlig unbekannten Feldweibel. Wir nahmen draussen gemeinsam meine Effekten – bestehend aus Rucksack, Effektentasche, Helm und Sturmgewehr – zusammen. Der Feldweibel meinte dabei: «Wie kannst du nur so einen Scheiss machen?! – Das wird Folgen haben für Dich, und ich muss wieder

Protokolle schreiben…». Ich entschuldigte mich, begriff aber den Grund für den Ärger immer noch nicht, den ich offensichtlich mit meinem Verhalten ausgelöst hatte. Nach einer guten Stunde Wartezeit, in der ich mich umziehen musste, hiess mich der Feldweibel aufzustehen. «Ich verkünde dir jetzt offiziell, dass du zu zehn Tagen Arrest verurteilt worden bist – Vollzug ab sofort, das heisst ab heute.» Ich wagte noch den Einwand «Aber ich konnte mich nicht mal verteidigen und rechtfertigen», aber die darauf folgende Handbewegung des Feldweibels liess mich unmissverständlich verstehen, dass ich zu schweigen hatte.

Die Arrestzelle lag im Keller der Kaserne. Sie war ziemlich genau drei mal zwei Meter gross. Als Möblierung gab's nichts, als ein Bett und einen kleinen Tisch samt Stuhl. Weit über dem Bett gab's ein kleines, vergittertes Fenster. Keine Chance, infolge der Höhe, je aus diesem Fenster hinaus zu schauen, geschweige denn, zu fliehen. Der Feldweibel hatte mir das Bettzeug, zwei Leintücher, eine Wolldecke und ein Kissen samt Anzug in die Hände gedrückt. Und ausser meiner Zahnbürste, Zahnpasta, einer Haarbürste, Waschlappen und Frottiertuch durfte ich nichts mit in die Zelle nehmen. «Du wirst von der Küche verpflegt», erklärte mir der Feldweibel, «wenn du willst, kann ich dir eine Bibel als Lesestoff organisieren.» Der Feldweibel verschwand mit den Worten «bis morgen» und ich hörte, wie von draussen der Schlüssel gedreht wurde.

Die folgenden Tage wurden für mich unendlich lange. Nach dem zweiten Tag war ich ausgeschlafen und ich hatte nichts, mit dem ich mich hätte beschäftigen können. Ich kannte bereits jeden kleinen Fleck an der grauen Wand, hatte alle feinen Risse zum x-ten Mal gezählt. Die einzige Abwechslung war der Besuch eines Coiffeurs, den der Feldweibel für mich – nicht auf meinen Wunsch – organisiert hatte. Am Abend des dritten Tages bat ich den Feldweibel um eine Beschäftigung. Er sagte, ich könne vielleicht tagsüber im Büro für den Fourier gewisse Arbeiten erledigen. «Nachts aber musst du in die Zelle!» Den Rest der Arreststrafe verbrachte ich also tagsüber im Büro des Fouriers und schrieb Bestelllisten für Lebensmittel, kontrollierte Lieferantenrechnungen und sortierte Personal- und Soldkarten. So vergingen die Tage einigermassen schnell und nachts konnte ich in Ruhe und ungestört in meiner Zelle schlafen.

Als mich der Feldweibel nach dem letzten Arresttag in der Zelle abholte, sagte er mir, dass wir nun ein neues Problem hätten. «Die Sappeur-Kompanie, zu der du eingeteilt bist, ist unterdessen in die Verlegung abgereist. Du musst also vorerst mit den in der Kaserne verbliebenen Pontonieren leben und arbeiten. Den Namen «Pontoniere» hörte an diesem Tag zum ersten Mal. Und weil ich mir, aufgrund der Erinnerungen an den ersten Teil der Rekrutenschule, nicht vorstellen konnte, dass es etwas schlimmeres gäbe, als die Sappeur-Ausbildung, willigte ich ein. Die Wahl hatte ich sowieso nicht...

In den ersten Tagen bei den Pontonieren stellte ich fest, dass sie, gegenüber den Sappeuren, im Schnitt grösser, kräftiger und geselliger waren. Ich fühlte mich von Anfang an wohler und akzeptiert. Einzig der Umstand, dass ich mit Bootsfahren bisher überhaupt nichts zu tun hatte. Und da Pontoniere sich hauptsächlich auf und unter dem Wasser bewegten, fühlte ich mich anfänglich etwas verloren. Bei den Pontonieren fand man Wasserfahrer, Schiffsführer, aber auch Zimmerleute und Schlosser. Eine spezielle Truppe innerhalb dieser Kompanie waren etwa zehn Kampftaucher, die zum Beispiel darin ausgebildet wurden, unter Wasser Sprengladungen anzubringen.

Die Pontoniere bauten Brücken die schwimmen. Diese Brücken waren viel schneller gebaut, als die Brücken aus Stahl und Holz von den Sappeur-Kompanien. Ich begann im Verlaufe der ersten Tage, an der Arbeit mit den Pontonieren Gefallen zu finden. Ich erlebte viel Neues, das ich nicht kannte. Und die Pontoniere waren grundsätzlich positiv eingestellt und bereit, bei jeder Gelegenheit zu feiern. War eine Brücke fertiggestellt, wurden unter Blachen Bierkisten «hervorgezaubert» und spontan auf das Werk angestossen.

Eines Morgens fragte der Fourier beim Antrittsverlesen, ob jemand unter uns kochen könne. Einer witzelte, dass er ein Spiegelei perfekt hinbekomme. Sonst aber meldete sich niemand, denn wir wussten alle nicht, was die Folgen sein konnten. Mir schoss es aber plötzlich durch den Kopf: «Küche ist doch immer warm und es gibt zu Essen!» Ich hob meinen Arm und meldete mich, militärisch korrekt, mit dem Namen. Der Fourier, der mich von meiner Büroarbeit her kannte, fragte nach: «Kein Witz, Kleiber?» Ich verneinte und fügte bei: «Es ist mir ernst!» Der Fourier wollte sich absichern. Und ich hatte mir blitzschnell eine Strategie zurecht gelegt. Der Fourier fragte mich, wo ich denn arbeite, und ich antwortete ihm spontan «Euler, Basel.» Da war der Entscheid für den Fourier gefallen. «Was machst du dann bei den Pontonieren? Ab, in die Küche mit dir!»

Gelogen hatte ich ja mit meinem Hinweis auf den Arbeitgeber nicht zu hundert Prozent. Euler hiess mein damaliger Arbeitgeber und in Basel war er auch, aber er war Ingenieur. Ich arbeitete da auch nicht als Koch, sondern als Bauzeichner. Diese kleine Zusatz-Informationen hatte ich dem Fourier verschwiegen. Ich wollte auf jeden Fall meine Situation in dieser Rekrutenschule verbessern. Der Küchenchef war auf jeden Fall sehr erfreut über mich, als sein neuer Küchengehilfe. Er erklärte mir, dass der bisherige Küchengehilfe die Frittierpfanne fallen liess und sich durch das aufspritzende Öl das ganze Gesicht verbrüht habe. Er stattete mich mit weisser Schürze und Kochmütze aus und erteilte mir den ersten Auftrag: «Du kannst für's Mittagessen etwa vierzig Kilo Kartoffeln schälen.» Offenbar schaute ich ihn so erstaunt an, dass er sofort nachfasste: «Natürlich nicht von Hand, dafür haben wir diese Maschine dort». Er zeigte auf ein grosses Gerät, das aussah, wie eine alte Waschtrommel. Ich hatte die Funktion der Maschine sofort begriffen und fing an, die ersten Kartoffeln hinein zu schütten. Der erste Durchgang misslang. Als ich die Maschine stoppte, waren die Kartoffeln zwar alle geschält, aber nur noch so gross wie Kirschen. Der Küchenchef hatte mich beobachtet, lachte lauthals und kam auf mich zu. Für mich war klar: Jetzt bist du schon entlarvt. Der Küchenchef aber sagte zu meinem Erstaunen: «Sorry, habe dich nicht vorgewarnt. Wir sind hier in einer Militärküche und da ist Alles etwas gröber. Einfach viel kürzer laufen lassen, die Maschine!»

Für's erste war mein neuer Job gerettet, aber mein Glück schien nur von kurzer Dauer zu sein. Der Fourier betrat die Küche und rief meinen Namen. «Ich hab' in deiner Meldekarte nachgeschaut und gesehen, du arbeitest ja wirklich im «Euler» in Basel.» Und zum

Küchenchef gewandt sagte er: «Da habt ihr ja einen prominenten Küchengehilfen bekommen, behandelt ihn bitte anständig!» Besser konnte es für mich nicht laufen. Der Küchenchef legte noch einen obendrauf: «Jetzt versteh' ich, dass du mit der Kartoffel-Schälmaschine Probleme hast, in der Euler-Küche müsst ihr die Kartoffeln wohl nicht selber schälen...» Ich atmete tief durch, strahlte die beiden Männer an und sagte: «Ich packe das schon.» Der Fourier übergab mir am gleichen Nachmittag ein kleines, grünes Büchlein. Auf dem Buchumschlag stand «Rezepte für die Militärküche». «Nach diesem Buch als Grundlage bereiten wir hier die Mahlzeiten zu», erklärte der Fourier, «und ich kaufe nach diesen Vorgaben ein. Abweichungen, das wird dich hier einschränken, sind grundsätzlich nicht erlaubt.»

Das grüne Kochbuch war meine Rettung. In jeder freien Minute las ich darin, prägte mir die Grundrezepte ein und merkte mir die wichtigsten Gewürze und gängigsten Saucen. War ich alleine in der Küche, übte ich das Schneiden von Gemüse und das Wenden von Omeletten durch Aufwerfen. Mein Entschluss stand fest: Ich wollte solange wie möglich diesen Küchen-Job behalten. Ich hatte überhaupt keine Lust mehr, draussen in der Kälte mit den Pontonieren Schwerstarbeit zu verrichten. Über mir schwebte aber immer noch die Tatsache, dass ich in der falschen Kompanie war, wie ein Damoklesschwert.

In fremdem Sold

Vier Tage hatte ich bereits als Küchengehilfe gearbeitet. Alle Beteiligten schienen mit der Situation, und vor allem mit meiner Arbeit, zufrieden zu sein. Am Morgen des fünften Tages erschien der Fourier in der Küche. «Ich habe eine schlechte Nachricht», begann er seine «Ansprache» und bat uns, kurz mit dem Arbeiten aufzuhören. Wir stellten uns vor ihm auf und warteten auf die angekündigte «schlechte Nachricht». Der Fourier drehte sich in meine Richtung und schaute mir mit ernstem Blick in die Augen: «T'ja, Kleiber, es ist so, dein Vorgänger, der sich verletzt hatte...», er atmete tief durch. Mein Puls stieg in diesen Sekunden auf 190. Ich spürte, wie sich Schweiss auf meiner Stirne bildete. Jetzt war es also schon wieder vorbei mit der schönen Zeit in der Küche. Der Fourier fuhr fort: «der kommt wegen seiner Verletzungen nicht mehr zurück». Ich traute zunächst meinen Ohren nicht. Ich wollte es nochmals hören, und sagte: «Was hast du gesagt?» – «Ja, er kann nicht mehr kommen und du wirst uns in der Küche weiter unterstützen müssen!»

Ich hätte den Fourier am liebsten umarmt, das wäre aber militärisch nicht ganz korrekt gewesen. Ich hielt mich also zurück, legte meine gestreckte, rechte Hand zum Gruss an die Stirne und sagte: «Verstanden, Fourier.» Damit würden die letzten drei Wochen dieser Rekrutenschule für mich gut ablaufen. Dass dieses «Ereignis» meine weitere, militärische Karriere massgeblich verändern würde, das hätte ich mir zu jenem Zeitpunkt nicht vorstellen können. Zunächst interessierte mich nur, dass ich nicht mehr als «falscher» Pontonier zum Einsatz kam. Bei der Essensausgabe an diesem Tag machte einer der Pontoniere begleitet von einem verschmitzten Augenzwinkern eine Bemerkung: «Du bist ja schon der grösste Verschlaufer, den ich kenne!»

Mein Küchendienst war ja eigentlich nur die Folge zufälliger Umstände. Weil ich in Arrest sass, hatte ich die Abreise meiner

Kompanie in die Verlegung verpasst und sollte mit den Pontonieren in die Verlegung mitgehen. Dort aber war vorgesehen, dass ich wieder zu den Sappeuren wechsle. Die Verlegungs-Orte der beiden Kompanien lagen nur ein paar Kilometer auseinander. Als die Pontoniere sich also für die Verlegung vorbereiteten, kam der Fourier zu mir und bat um ein Gespräch unter vier Augen. «Hör' mal, eigentlich müsstest du morgen zurück zur Sappeur-Kompanie. Wir werden aber für die kurze Zeit keinen neuen Küchengehilfen finden, also sind wir daran interessiert, dass du bei uns bleibst». Ich sah da kein Problem, der Kompaniekommandant und der Fourier aber schon. Denn ich stand ja «im Sold» der Sappeure. Der Fourier hatte aber bereits eine Lösung parat: «Du bleibst bei uns und den Sold kassierst du, in geheimer Mission quasi, von den Sappeuren».

Die Lösung mit dem Sold schien zu funktionieren. Nur durfte Niemand davon erfahren. Nur der Fourier der Sappeure, der für die Auszahlung und Abrechnung des Solds zuständig war, kannte das Geheimnis. Er hatte dies mit dem Fourier der Pontoniere abgesprochen. «Sollte je einer in dieser Richtung eine Frage stellen, dann weisst du von nichts!», mahnte mich unser Fourier. Zu Problemen kam es diesbezüglich nicht. Eines Tages «besuchte» mich ein Rekrut – er war mit einem Jeep hergefahren worden – und händigte mir ein kleines Kuvert aus, auf dem mein Name stand. «Dein Sold», sagte er nur und verschwand wieder. Er war eigens im Auftrag des Fouriers der Sappeur-Kompanie mit der «Geheimmission» beauftragt worden. Offenbar war der Sold-Kurier über die Vereinbarung informiert, denn er zwinkerte mir bei der Übergabe des Kuverts verschmitzt lächelnd zu.

Meine «fremden Dienste» den den Pontonieren war nie mehr ein Thema. Bis dann in der letzten Woche der Verlegung der Besuch eines Divisionärs angekündigt wurde. Er inspizierte unter anderem auch unsere Militärküche. Er schaute sich kurz um, wandte den Blick dann direkt auf mich und fragte: «Sind sie der Küchengehilfe in der falschen Kompanie?» – Der Küchenchef und der Fourier zuckten bei dieser Frage zusammen und erbleichten sichtlich. Sie fühlten sich ertappt und ahnten Schlimmes. Ich setzte zum Gruss an und bestätigte die Frage des Divisionärs mit «Verstanden. Ja, ich bin das.»

Der Divisionär reagierte entgegen aller Befürchtungen mit einem freundlichen Lächeln, salutierte seinerseits ebenfalls und meinte: «Gut so, weiter machen!» Von da an war einigen der Beteiligten klar, dass Geheimnisse innerhalb der Schweizer Armee wenig Chancen auf Bestand hatten. Dass dieses Spezial-Arrangement zwischen den Fourieren nicht auffliegen würde, hatten die beiden Fouriere aus Naivität und mangelnder Erfahrung angenommen. Nachdem wir an diesem Tag das Abendessen ausgeliefert hatten, feierten wir das Erlebnis in der Dorfbeiz. Nach der vierten Bier-Runde holte ich in meinen Effekten mein Dienstbüchlein und liess darauf den Fourier hochoffiziell in der Rubrik «Besondere Ausbildung» den vermerk «Küchengehilfe» eintragen. «Ich weiss nicht, ob es korrekt ist und ob dies so bleibt», wandte der Fourier in seiner bekannten Skepsis ein, «kann sein, dass du im ersten WK wieder gewöhnlicher Sappeur bist». Diese Bemerkung beunruhigte mich zunächst nicht. Erst vor dem nächsten Einrücken erinnerte ich mich an den Hinweis des Fouriers und es verunsicherte mich sehr. Ich hatte am Küchendienst Gefallen gefunden und wollte eigentlich nichts anderes mehr tun.

Meine künftige Dienstzeit in der Küche hatte ich mir relativ bequem und vor allem angenehm vorgestellt. Irgendwie fand ich plötzlich beinahe die Aussage meines Vaters bestätigt, wonach der Militärdienst «auch lustig sein kann». So könnten die Tage und Wochen in Uniform einigermassen erträglich sein. Und vor allem war die tägliche Arbeit auch sinnvoll. Gutes Essen konnte letztlich auch dazu beitragen, den militärischen Alltag der Soldaten-Kollegen etwas erträglicher zu machen. In erster Linie aber gefiel mir natürlich der Tagesablauf in der Küche. Und die gewisse Unabhängigkeit, die Selbständigkeit, die wir als Küchenmannschaft genossen. Und ich war nicht integriert in das beengende, erniedrigende und von für mich unsinnigen Befehlen diktierte «Soldatenleben». Der angenehme Dienst in der Küche löste in mir beinahe Gefallen an der Armee aus. Auf jeden Fall sah ich für mich eine erträgliche Militärdienstzeit voraus.

Für die letzte Woche der Rekrutenschule rückte ich zwar zusammen mit den Pontonieren in die Kaserne Brugg zurück. «Im Sinne der Korrektheit aber», erklärte mir nach der Ankunft der Feldweibel, «dislozierst du bis zum Abtreten zu den Sappeuren». Ich könne aber weiter und bis zum letzten Tag, in der Pontonier-Küche arbeiten. Das hiess für mich, ein neues Bett in völlig fremder Umgebung und mir völlig unbekannten «Kameraden» zu beziehen. Unter den Sappeuren hatte sich schnell herumgesprochen, wer ich war und was der Grund für meinen späten Zuzug zur Kompanie war. Für die letzten fünf Tage der Rekrutenschule gab man mir schliesslich Beinamen wie «Deserteur» oder «Fremdenlegionär». Ich konnte damit problemlos leben, denn das Ende der Rekrutenschule stand unmittelbar bevor. Beim grossen «Abtreten» am Samstag Vormittag, als beide Kompanien im Kasernenhof versammelt waren, erlaubte sich der Schulkommandant einen kleinen Spass. Er rief in die Runde: «Soldat Kleiber, bei welcher Kompanie stehen sie heute gerade im Sold?»

Brotsuppe (geröstet) Rezept für 100 Personen

Zutaten:
5 kg Brot
3 kg Fett (Einsiedebutter)
2 kg Zwiebeln
25 Knoblauchzehen
Salz
Muskatnuss
50 l Wasser

Das Fett erhitzen, in kleine Würfel geschnittenes Brot (samt Rinde) beigeben und anrösten.
Zwiebeln beifügen, gelb dünsten, durchgepressten Knoblauch beigeben. Mit dem kochenden Wasser unter Umrühren ablöschen. Salzen, würzen, aufkochen und 1 Stunde sieden lassen. Abschmecken.

Neue Küchenkollegen

Das erste Aufgebot zu einem Wiederholungskurs (WK) landete in meinem Briefkasten. Ich sollte mich am 12. August 1974 morgens um 09:00 Uhr im Zeughaus Othmarsingen einfinden. Als ich das Aufgebot gelesen hatte, war mit einem Schlag die Frage da: «In welcher Funktion werde ich wohl den WK verbringen?» Eigentlich war ich ja Sappeur und offiziell als «Minenzeichner» ausgebildet. Die letzten vier Wochen der Rekrutenschule hatte ich aber in der Küche verbracht. Aber ich wusste zu jenem Zeitpunkt überhaupt nicht, ob meine Zeit als Küchengehilfe in den «oberen Etagen» überhaupt zur Kenntnis genommen wurde. Schliesslich war mein Einsatz in der Küche erstens illegal, weil ich ja bei der Berufsbezeichnung gemogelt hatte. Zweitens war es die Folge eines Unfalles. Ich war also sehr gespannt, was mich nun im ersten WK erwartete. Ich hatte überhaupt keine Lust auf Bauarbeiten in freier Natur bei jedem Wetter. Ich hatte die Achselschlaufen mit der Nummer 22 erhalten, was zumindest schon mal meine Zugehörigkeit zu den «Basler Truppen» dokumentierte. Meine Funktion aber war damit noch nicht festgelegt. Ich betrat also damals sehr angespannt und unsicher das Areal des Zeughauses in Othmarsingen. Ich war eigentlich überzeugt, dass man meine Arbeit in der Küche ignorieren würde.

Laut Aufgebot hatte ich mich bei der Sappeur-Kompanie zu melden. Damit schien der weitere Verlauf meiner Militärzeit besiegelt. Die Meldestelle für meine Kompanie war gross mit «Sap Kp 22» angeschrieben. An der breiten Laderampe unter dem Schild stand aber nur ein grosser Lastwagen-Anhänger. Ein paar Soldaten schleppten unter der Aufsicht eines Zeughaus-Angestellten unzählige Kisten an und verluden sie auf dem Anhänger. Ich stellte mich bei jenem Unteroffizier an, der das Zeichen des Fouriers am Oberarm trug. Ich überreichte ihm mein Aufgebot. «Willkommen! Du kannst hier gleich mit anpacken», sagte der Fourier. Ich wunderte mich, dass wir bei der Rampe der 22er nur gerade vier, fünf Soldaten waren. Ich erinnerte mich noch daran, dass eine Kompanie aus rund hundert Soldaten bestand. Ich stellte mich den anderen Soldaten, die mit dem Beladen beschäftigt waren, vor.

Dann fragte ich den Fourier, wo denn all die anderen Soldaten waren. Er erklärte mir darauf, das die Kompanie bereits am Verlegungsort sei und dass wir hier nur das Material für die Küche holten. Und da stellte ich fest, dass ich wahrscheinlich mit grosser Sicherheit mit der Küchenmannschaft der Kompanie zusammen war. Leise Hoffnung und schwache Freude stieg in mir auf. «Freut mich, ich bin der Freddy», stellte sich der erste Soldat vor. Er war kleiner als ich und schien erheblich älter zu sein. Er sprach hochdeutsch, was mich sehr irritierte. «Bist du nicht in der falschen Armee?», fragte ich ihn. Er sagte darauf lachend: «Nein, nein, ich bin hier der HD, muss meine Dienstzeit hier absolvieren, weil ich zugewandert bin.» – «Ich bin Max, der Küchenchef», präsentierte sich der Korpulente mit dem Abzeichen eines Wachtmeisters. Sein Gesicht rundete ein kleines Kinnbärtchen ab. Dann war da noch Leo, der Chauffeur. Leo stammte aus Therwil, dem Nachbardorf meiner Heimatgemeinde. Die anderen «Kollegen» waren aus der Stadt Basel. Wir luden die letzten Kisten auf den Anhänger, dann lud uns Max, der Küchenchef, zu einem Kaffee in die Kantine des Zeughauses ein. Die neuen Kollegen waren mir auf Anhieb sehr sympathisch…

Freddy, der Deutsche, war als Hilfsdienstler (HD) in der Militärküche, aber im Privatleben war er Hotelier in Basel. Ein witziger Typ, immer zu Spässen aufgelegt, aber knallhart und seriös, wenn's um's Arbeiten ging. Er war gegen vierzig Jahre alt, musste aber noch einige Wochen Hilfsdienst leisten. «Ich bin hier nur der HD!», betonte er bei jeder Gelegenheit, vor allem, wenn er zum Thema Essen gefragt wurde. Freddy war sehr zuvorkommend und fast überfreundlich zu Vorgesetzten, das heisst, zu den Offizieren in der Kompanie. Er wollte vor allem seine Dienstpflicht so problemlos und so schnell wie möglich hinter sich bringen. Wegen seiner privaten Tätigkeit als Hotel-Direktor war er perfekt in Logistik, und so unterstützte er den Fourier der Kompanie wo immer er konnte.

Und da war Max, der Küchenchef, im Privatleben Chef de Cuisine. Er arbeitete in der Küche von Freddy's Hotel in Basel. Das heisst, die Hierarchie war bei den beiden im zivilen Leben genau umgekehrt. Das führte während des WK's aber keinesfalls zu Problemen, denn Freddy respektierte die militärische Rangordnung total. Kam hinzu, dass Max natürlich in der Küche der absolute Fachmann war. Max liebte es, in Ruhe arbeiten zu können. Sein Hüftumfang verriet deutlich, dass er das, was er kochte, auch selber gerne ass. Er war immer guter Laune, und er verpflegte sich während der Arbeit bevorzugt mit Brot, Butter und Konfitüre.

Für die Küche hatten wir einen eigenen Lastwagen, den legendären «Saurer 2-DM» und natürlich einen Chauffeur dazu. Leo, Sohn eines Landwirtes aus Therwil. Leo war durch nichts aus der Ruhe – und vor allem der vorgeschriebenen Ruhezeit – zu bringen. Er hatte stets eine Zigarette im Mundwinkel und er war extrem hilfsbereit. Uns war sehr bald klar, dass seine Hilfsbereitschaft in der Küche darin begründet war, dass er nicht plötzlich für andere Aufgaben eingesetzt werden wollte. Leo konnten wir also einsetzen zum Kisten schleppen, für kleine Besorgungen im Dorf, zum Geschirrspülen und manchmal sogar zum Überwachen einer Pfanne auf dem Herd. Wenn ihn ein Offizier mal für eine Fahrt abkommandieren wollte, sagte er jeweils: «He, sehen sie schlecht?! – Ich arbeite.»

Einer der ganz grossen Vorteile von Leo war, dass er mit seinem riesigen Lastwagen fahren und manövrieren konnte, wie mit einem Personenwagen. Das hiess für uns, wenn wir Leo im «Ausgang» als Chauffeur benutzten, dass er den 2-DM perfekt getarnt (oder versteckt) parkieren konnte. Zur Grundausstattung von Leo's Lastwagen gehörten zwei vollständige Festgarnituren, bestehend aus zwei faltbaren Tischen und vier entsprechenden Bänken. Denn wir unsere Kompanie-Leitung und allfällige Gäste im Feld immer an weissgedeckten Tischen dinierten. Die Festgarnituren waren mit «Sap Kp 22» angeschrieben und lagerten zwischen den WK's im Zeughaus.

Dass ich, als Küchengehilfe, nicht Koch von Beruf war, wurde nie zum Thema und schon gar nicht zum Problem. Ich fühlte mich von Anfang an als vollwertiges Team-Mitglied akzeptiert und aufgenommen. Von Max lernte ich vom ersten Tag an sehr viel. Und schon bald überliess er mir auch mal ganz alleine die Küche – zum Beispiel zum Vorbereiten eines Gerichtes, zerkleinern von Gemüse, oder immer öfter frühmorgens für die Zubereitung des Frühstücks. Letzteres hatte natürlich für Max und Freddy die komfortable Folge, dass sie zwei Stunden länger schlafen konnten. Und nach unseren nächtlichen Eskapaden konnte jede Minute Schlaf manchmal lebenswichtig sein…

Für den ersten WK waren wir in Dietwil stationiert. Wir konnten die Militärküche in einem grossen Raum in einem Nebengebäude eines Restaurants einrichten. Sehr komfortabel, denn der Raum hatte früher als Schlachtraum gedient, war also rundum mit Fliesen ausgelegt. An einer Wand befand sich ein Wassertrog aus Chromstahl in der Grösse einer Badewanne. Freddy, der Hotelier, legte grossen Wert auf Stil. Deshalb beschlossen wir, dass wir der Truppe – es waren immerhin hundert Soldaten, sieben Unteroffiziere und fünf Offiziere – das Essen nie in den üblichen Kesseln und grossen Schüsseln servieren. Wir sprachen am ersten Tag mit dem Gastwirt und liessen uns Chromstahlplatten und -schalen geben. Die Art, wie wir das Essen präsentierten fand bei der Mannschaft sehr grossen Gefallen. Dies verschaffte uns unverhofft gewisse Vorteile.

Am dritten Tag inspizierte der Kompaniekommandant, begleitet durch Feldweibel und Fourier, unsere Küche. Wir offerierten den «Besuchern» einen Apéro mit kleinen Häppchen – bestehend aus Militärbisquits und gewürfelten Fleischkonserven. «Meine Herren», begann während des Apéros der Kommandant, «ihr macht das sehr gut, liefert perfektes, gutes Essen». Er drückte die Hoffnung aus, dass dies über die ganzen drei Wochen so bleiben möge. Dann kam sein alles entscheidender Satz: «Ich verlange von euch, dass das Essen immer pünktlich geliefert wird, wo immer sich die Truppe auch befindet. Sonst, meine Herren, interessiert mich nicht, was ihr macht.» Wir schauten uns verdutzt an und bestätigten natürlich den Wunsch des Hauptmanns mit korrekt militärischem «Verstanden!». Nachdem die «Delegation» die Küche wieder verlassen hatte, frohlockten wir natürlich. Uns allen war klar, was dieser letzte Satz des Hauptmanns zu bedeuten hatte: «Freiheit, Kollegen, und diese Freiheit werden wir uns nicht mehr nehmen lassen», sagte Max.

Der einzige «Haken» bei unserer eben erlangten Freiheit schien uns der Fourier, der direkte Vorgesetzte, zu sein. Der Fourier, Stefan, im Privatleben Steuerbeamter in Basel-Stadt, stand zum ersten Mal alleine in dieser militärischen Funktion. Er war verantwortlich für die Bestellungen aller Lebensmittel und für die Einhaltung des Verpflegungs-Budgets. Stefan zeigte sich entsprechend unsicher. Stefan trug tiefschwarzes, gelocktes Haar. Über seinen dunklen Augen sassen kräftige, ausgeprägte Augenbrauen, die sich über dem Nasenansatz berührten. Er achtete sehr auf sein Äusseres. Trug, wenn immer es ging, nur den feinen Ausgangsanzug. Für die Einsätze im Feld hatte er sich einen total neuen Tarnanzug beschafft. Wir waren überzeugt, dass er diesen nach dem Ausziehen jeweils bügelte. Ich machte mir im Verlaufe des WK's ein kleines Spässchen zur Gewohnheit: Immer, wenn wir einer oder mehreren Frauen auf der Strasse oder in Restaurants begegneten, stellte ich ihnen Stefan mit den Worten vor: «Das ist der schönste Mann der Kompanie, und noch absolut ledig!»

Nach der Inspektion des Kommandanten kam Stefan sofort wieder zurück in die Küche und sagte mit besorgtem Gesicht: «Meine Herren, ihr habt gehört, was der Kommandant gesagt hat. Ich hoffe schwer, dass ihr euch daran haltet und mich nicht im Stich lässt!» Der «Wunsch» des Kommandanten blieb Antrieb unseres einzigen Bestrebens, denn wir wollten auf alle damit verbundenen Vorteile nie mehr verzichten.

Dietwil lag in der Nähe von Zug. Aber vor allem stellte Chauffeur Leo eines Tages fest: «Keine dreissig Minuten von der Zürcher Innerstadt!» Das Ziel unseres nächsten Ausgangs war nun klar. «He, das könnt' ihr nicht machen», wandte Max noch ein. Aber wir überstimmten ihn und ich schlug vor, dass wir auch den Fourier zu unserem Verbündeten machen und mitnehmen sollten. Wir waren uns schnell einig. Nach der Ausgabe des Nachtessens bestiegen wir unseren 2-DM – der Fourier durfte vorne neben Leo sitzen – und machten uns auf Richtung Zürich.

Leo fand in einer schmalen Strasse im «Niederdorf» auf Anhieb zwei Parkplätze hintereinander, sodass er mit seinem Lastwagen ausreichend Platz hatte. Ich warf an zwei Parkuhren den Maximalbetrag ein und dann zogen wir los ins Vergnügen. Wir hatten vergessen, Leo darüber zu informieren, dass wir für den Ausflug nach Zürich das Ausgangs-Tenü anziehen. Er steckte noch immer im bunten Kampfanzug. Unser kleines Grüppchen fiel also in Zürich's Strassen sehr auf, und wenn dann auch noch Freddy seinen Mund aufmachte und man sein perfektes Hochdeutsch vernahm, sah man um uns herum jeweils nur überraschte und fragende Gesichter.

Kutteln mit Tomatensauce   Rezept für 100 Personen

Zutaten:
15 kg gekochte Kutteln
1 kg Fett
2 kg Zwiebeln
1 kg Mehl
25 Knoblauchzehen
2 kg Tomatenpüree
Salz
Pfeffer
12 Lorbeerblätter
12 Nelken
20 l Wasser

Fett erhitzen, gehackte Zwiebeln und Knoblauch andämpfen. In schmale Riemchen geschnittene Kutteln und Tomatenpüree beigeben, mitdünsten. Mit dem Wasser ablöschen, salzen und würzen. 30 nMinuten bei schwachem Feuer unter Umrühren köcheln. Mehl mit kaltem Wasser anrühren, beigeben und aufkochen lassen. Abschmecken.

Drei Füchse für die Offiziere

Die unmittelbare Nachbarschaft unserer Militärküche zum Dorf-Restaurant war für uns natürlich ein grosser Vorteil. Wir hatten nicht weit, bis zum Apéro, und wir konnten uns, wenn wir den abendlichen Ausgang mal etwas zu sehr verlängerten, durch die Restaurant-Küche und die Hintertüre schleichen, ohne das eine der Wachen in der Dorfstrasse uns sah. Wir waren von der Dorfbevölkerung von Anfang an akzeptiert, ja fast integriert worden. Im Restaurant durften wir uns sogar an den Stammtisch setzen. Klar, wir beschenkten die Dorfbewohner immer mal wieder grosszügig. Die Kinder bekamen Bisquits, wir verteilten sogenannte Pflichtnahrung, die wir im Überfluss hatten. Und wir warfen keine Essensreste weg, sondern übergaben, was übrig blieb, jeweils Grossfamilien oder Leuten des Gemeindezentrums. Es hatte sich schnell eingebürgert, dass nach dem Mittag- oder Nachtessen minderbemittelte Dorfbewohner oder Kinder sich mit Schüsseln oder Tellern an der Küche einfanden und die Überschüsse der Mahlzeiten in Empfang nahmen.

Eines Nachmittags verbrachte ich die Pause bei einem Bier am Stammtisch. Da kamen drei Männer des Dorfes ins Restaurant und gesellten sich zu mir an den Tisch. Aus ihren Gesprächen entnahm ich, dass die Männer von der Jagd gekommen waren. «Und, wart' ihr erfolgreich?», fragte ich, als man ihnen die Biergläser servierte. «Ja, erfolgreich schon», sagte einer der Jäger, «aber nur in Bezug auf die Treffer. Mit der Beute sind wir nicht so glücklich.» Ein zweiter Jäger erklärte mir, dass sie drei Füchse geschossen hatten. «Aber niemand hier will Füchse essen», sagte der dritte. Ich stimmte ihnen zu: «Das verstehe ich irgendwie, muss ja wie Hund aussehen…» — «Ja, genau», meinte einer der Jäger, «aber es schmeckt wie Wild.»

Am Abend erzählte ich die Geschichte Werner, unserem Küchenchef. Er zog die Mundwinkel hoch und sagte: «Fuchs ist eine Delikatesse, mein Lieber». Man müsse einfach wissen, wie man das Fuchsfleisch richtig zubereitet. Ich schlug vor, dass ich die Füchse organisieren würde, wenn er sie dann zubereitet. «Wir könnten daraus ein exklusives Nachtessen für die Offiziere machen», sagte darauf Max und rieb sich genüsslich die Hände.

Am nächsten Tag schleppte ich die drei toten Füchse in die Küche. «Voilà, unsere Spezialität für die Offiziere.» Max zeigte mir darauf, wie man den Füchsen das Fell abzog und wie man sie perfekt ausnahm. «Dann müssen sie mindestens drei Tage in kaltem Wasser liegen», erklärte Max, «damit sie richtig ausgeblutet sind». Ich begann damit, den grossen Waschtrog in der Küche mit Wasser zu füllen. Dann legten wir die Füchse hinein. Von da an hatten wir eine neue Attraktion in der Kompanie. Die Nachricht von den Füchsen breitete sich wie ein Lauffeuer im Dorf und in der Truppe aus. Alle wollten sie die Füchse sehen. Wir konnten aber diesen Publikumsverkehr in der Küche nicht brauchen, also erklärten wir die Füchse unverzüglich zur «Geheimsache».

Das Wasser entzog den Füchsen tatsächlich das Blut. Ich musste jeden Tag das Wasser komplett wechseln. Das anfänglich zäh und dunkelrot erschienene Fleisch war zusehends weicher und hell geworden. Dann kam der Tag des Fuchsessens. Max bereitete das Menü zu: Fuchs mit Spätzle, Blumenkohl und Preisselbeer-Marmelade. Die Marmelade hatten wir noch ausreichend vorrätig, denn Niemand wollte sie zum Frühstück haben. Max hatte die drei Füchse in gleichmässige Stücke zerteilt. «Ich habe erst einmal in meiner Karriere Füchse zubereitet» erklärte mir Max, «aber wenn man's richtig macht, schmecken die gut!» Zur Sicherheit bat er mich aber trotzdem: «Hol' mal das Armeekochbuch, da gibt's ein Rezept für Wild». Für jenen Abend hatten wir für die Truppe Milchreis auf den Menüplan gesetzt. Diesen konnten ich ohne die Hilfe von Max und zusammen mit HD Freddy zubereiten.

Ich deckte im Restaurant einen Tisch für fünf Personen. Die Offiziere hatten wir per Boten, in der Person unseres Chauffeurs Leo, zum Essen eingeladen. Den Wein übrigens spendierte der Gastwirt dazu – «unter der Bedingung, dass ich auch mitessen darf». Bei militärischen Essen war Wein als Getränk offiziell absolut verboten. Wie der feine

Weingeschmack allerdings in die Sauce zu den Füchsen gekommen war, blieb das Geheimnis des Küchenchefs. Unsere Offiziere waren begeistert und wir hatten ein paar Pluspunkte mehr auf unserer Seite. Immerhin hatten wir für diesen Anlass einen unserer freien Abende inklusive Ausflug geopfert... Küchenchef Max legte seinen rechten Arm um meine Schultern, nahm mich zur Seite und sagte: «Ist ja sehr gut gelaufen. Aber bitte, bring' mir in Zukunft keine Füchse oder anderes Wild mehr in die Küche!»

Pfeffer   Rezept für 100 Personen

Zutaten:
20 kg Fleischwürfel (Kuh, Pferd, Schwein oder Wild)
1 kg Fett
1 kg Zwiebeln
1 kg Rüebli
500 g Sellerie
1 kg Mehl
25 Knoblauchzehen
2,5 l Essig
7,5 l Rotwein
Salz
150 Pfefferkörner
25 Lorbeerblätter
12 Nelken
10 l Wasser

Aus Essig, Rotwein, zerdrückten Pfefferkörnern, zerschnittenen Gemüsen und den restlichen Gewürzen (ohne Salz) eine Beize herstellen, in Steinguttopf gießen. Fleischwürfel in die Beize legen, mit Teller beschweren, so daß sie völlig von Flüssigkeit bedeckt sind.

Nach 4 bis 6 Tagen Fleisch aus der Beize nehmen, abtrocknen. Flüssigkeit und Gemüsewürfel trennen (absieben). Fett stark erhitzen, Fleischwürfel partienweise gut anbraten,, aus der Pfanne nehmen. Das für die Beize verwendete Gemüse anziehen, mit Beize und Wasser ablöschen, aufkochen lassen.
Fleisch beigeben und 2 Stunden köcheln lassen, dann das kalt angerührte Mehl beifügen.

Statt mit Mehl kann die Sauce auch mit 2,5 l Blut gebunden werden, das mit etwas kalter Milch verdünnt wurde, darf dann aber nicht mehr aufkochen.

Mein Feind in den eigenen Reihen

Grundsätzlich pflegte ich zu allen Truppenmitgliedern, inklusive der Offiziere und Unteroffiziere ein sehr kollegiales Verhältnis. Der Umgang untereinander ging weit über die Definition des militärischen Begriffes «Kameradschaftlich» hinaus. Die Soldaten hatten Freude an unseren Mahlzeiten, und wir waren mit Freude dabei, diese tagtäglich zuzubereiten. Für mich und meine Kollegen in der Küche war entscheidend, dass wir vom militärischen «Normalbetrieb» befreit waren. Eigentlich waren die einzigen Unterschiede zum Zivilleben, dass wir Uniformen trugen und mit etwas einfacheren Gerätschaften arbeiteten. Wir genossen unsere eigens erarbeiteten Freiheiten und verfolgten das einzige Ziel: Die drei Wochen Dienst so bequem wie möglich zu verbringen.

Eigentlich eine perfekte Situation für uns, wäre da nicht der Korporal Meury gewesen. Meury war Basler, was eigentlich eine gute Grundlage für eine angenehme, dreiwöchige Kameradschaft war. Korporal Meury aber war einer jener unausstehlichen Streber. Er hatte es vermutlich auf dem normalen Dienstweg und über entsprechende Qualifikationen nicht geschafft, die Offizierslaufbahn einzuschlagen. Nun schien er es über den etwas schwierigeren Weg trotzdem zu versuchen. Das hiess, dass Korporal Meury die absolute Perfektion anstrebte. Für uns in seiner nächsten Umgebung bedeutete dies, dass Meury sich nicht nur überall und ungefragt einmischte, sondern, dass er von frühmorgens bis spät in den Abend auf strikter Einhaltung der Dienstvorschriften bestand. Hätte er dies in seiner nächsten Umgebung, das heisst, innerhalb seiner Gruppe, die er leitete, getan, wäre er für uns, die Küchenmannschaft, kaum oder nie zum Problem geworden. Korporal Meury aber musste ja mit seinem Verhalten auffallen, also war er ständig und ununterbrochen auf der

Suche nach entsprechenden Möglichkeiten und mischte sich überall da ein, wo aus seiner Sicht unkorrektes Verhalten vorlag. Meury war also omnipräsent. Er wurde schnell zum Feindbild, zum «gefährlichen Objekt», vor dem sich alle Soldaten zu verschlaufen versuchten. Denn eines war schnell in der ganzen Kompanie klar: Wenn man Korporal Meury begegnete, hatte er etwas auszusetzen. «Heh, wo ist die Mütze?!», war noch eine der harmlosesten Fragen, die Korporal Meury stellen konnte. Meury fand immer etwas, und war es nur eine winzige Kleinigkeit, das er zur «Staatsaffäre» aufbauschen konnte und das unverzüglich zu disziplinieren war.

Für Korporal Meury gab es grundsätzlich keine Zuständigkeiten. Er fühlte sich für Alles und Alle zuständig. Wo immer Meury mangelnde Disziplin oder eine militärische Unkorrektheit vermutete, war er zugegen. In anderen, sogenannt «normalen» Kompanien, hörte man oft Warnhinweise wie «Achtung, der Kommandant!» – Oder: «Achtung, ein Off!» – Im höchsten Falle: «Achtung, Divisionär!» In unserer Kompanie verbreitete sich sehr schnell der Warnruf: «Achtung, Meury!» Er war sehr schnell gefürchteter, als der Feldweibel oder einer der Offiziere. Selbst Auftritte des Divisionärs lösten bald weniger Panik und entsprechende Reaktionen aus, als jene von Korporal Meury. Der Divisionär drückte bei einer kleinen Unkorrektheit gerne auch mal freundlich lächelnd und mit erhobenem Zeigefinger ein Auge zu. Korporal Meury hingegen war bei seinen Kontrollgängen absolut bedingungslos. Bei Ahndungen, die seine Kompetenz überschritten hätten, machte er Meldung an den nächsten Vorgesetzten, einen Leutnant oder direkt an den Kompanie-Kommandanten. Und wehe, eine seiner Ansprechpersonen reagierte nicht nach Meury's Vorstellungen, dann suchte der rührige Unteroffizier nach einem Vorgesetzten, der nach seiner Ansicht «richtig» vorging. Korporal Meury brachte es so weit, dass selbst Offiziere sich vor ihm zu verschlaufen versuchten, weil sie keine Lust hatten, auf seine Bagatellen einzugehen.

Die Militärküche war ein absolutes Spezialgebiet und für Korporal Meury eigentlich ein «unbekanntes Wesen». Darüberhinaus fürchtete er vermutlich unsere möglichen Reaktionen auf seine Attacken. Ich hatte ihm einmal mit erhobenem Zeigefinger mitgeteilt, dass er sich ganz genau überlegen solle, woher er die tägliche Verpflegung erhielt. Deshalb genossen wir Meury's grundsätzliche Abwesenheit von der Küche. Viel zu spät aber nahmen wir zur Kenntnis, dass Korporal Meury wegen diesem Manko an Zuständigkeit litt und hart daran arbeitete, diese Lücke auf seinem persönlichen Kontrollgebiet zu schliessen. Korporal Meury tauchte immer mal wieder zu Randzeiten in der Nähe der Küche auf. Unter irgendeinem Vorwand stellte er irgendwelche belanglose Fragen, mit denen er Interesse an unserer Arbeit vortäuschte. Der wahre Grund für Meury's zunehmenden Auftritte in der Küche war aber nicht persönliches Interesse, sondern er zielte damit einzig und allein darauf ab, die Kontrolle über diese letzte «Bastion» zu übernehmen. Für Meury war klar, dass wir in der Küche erstens arbeitsmässig längst nicht voll ausgelastet waren, und dass wir zweitens zu viele unkontrollierte Freiheiten genossen.

«Was macht' ihr eigentlich, wenn ihr das Essen ausgegeben habt?», fragte mich eines Tages Korporal Meury. Ich sass entspannt an einem Tisch vor der Küche. Ich hatte mir im Restaurant ein Bier geholt und las gerade eine Zeitung. «Stell' dir vor: Wir essen ebenfalls eine Kleinigkeit», antwortete ich. Und um Korporal Meury zu beeindrucken, fügte ich bei: «Weisst du, bei uns gilt das ungeschriebene Gesetz: Zuerst kommt die Truppe, dann kommen wir.» Meury schaute mich verdutzt an. Er schluckte zweimal leer und sagte: «Aha, so ist das…». Nach einer kurzen Denkpause – man sah Meury immer sehr gut an, wenn sich in seinem Kopf die Gedanken neu ordneten – meine er: «Aber danach habt ihr doch frei, oder?»

Eigentlich hätte ich Korporal Meury in diesem Augenblick sehr gerne zurechtgewiesen und aus dem Küchenbereich vertrieben. Mir war aber aus Erfahrung bewusst, dass man Meury auf diese Weise nicht loswerden konnte, also fasste ich mich. Ich atmete einmal tief durch. «Nein, lieber Freund, dann reinigen wir das Kochgeschirr und die ganze Küche». Und bevor Korporal Meury zu einer neuen Frage ansetzen konnte, fuhr ich mit meiner Erklärung fort: «Dann kommt der Fourier zur Menübesprechung, dann fahren wir zum Einkaufen und wenn wir zurück sind, ist's bereits Zeit für die Vorbereitung des Abendessens. – Sehr oft bereiten wir dazwischen noch Zwischenverpflegungen vor». Meury gab aber nicht auf. «Aber jetzt, im Augenblick, machst du ja nichts!» Ich griff zu meinem Bierglas, drehte mich zu Meury und schaute ihm in die Augen: «Doch, ich mache gerade Pause! – Und als nächstes schmeiss' ich dir das Bier ins Gesicht!» Meury sprang auf und wich zurück. Meine Drohung war also angekommen. Nur lange beeindruckte dies den oberkorrekten Korporal Meury nicht. «Ah, das wollte ich noch sagen: Das ist eine klare Drohung gegen einen Vorgesetzten – und Alkohol während der Dienstzeit ist verboten!» – Einmal mehr war mir in diesem Augenblick bewusst, wie klein der Schritt zum Mörder sein konnte. Hätte ich in diesem Moment eine Waffe zur Hand gehabt, ich glaube, ich hätte den Meury erschossen...

Korporal Meury schien immun gegen sämtliche äussere Einflüsse. Er verfolgte offensichtlich stur sein Ziel einer militärischen Karriere. Bei all seinem Betreben merkte er aber nicht, dass er sich davon immer mehr entfernte. Meury war sowohl bei den Soldaten als auch bei seinen Vorgesetzten, den Offizieren, immer unbeliebter. Und mit jeder seiner «Aktionen» entfernte er sich weiter weg von einer Beförderung. Aber Korporal Meury merkte es nicht. Ich versuchte es einmal auf die kollegiale Art und lud Meury zu einem Bier mit Gespräch ein. Er lehnte ab. Zuvor aber bemerkte er: «Ich wüsste nicht, was ich mit einem Blick-Reporter in Uniform zu besprechen hätte!» Dann zwinkerte er mir mit einem Auge zu und sagte: «Mach' lieber mal den obersten Knopf zu und geh' wieder mal zum Coiffeur!»

Menschen, wie dieser Korporal Meury, schafften es durch ihr penetrantes Verhalten, nicht nur den Soldaten, sondern auch den Offizieren bis hin zum Kompaniekommandanten die Diensttage zu vermiesen. Die direkten Kollegen, die Korporale, hielten sicheren Abstand zu Meury. Zurechtweisen oder gar bestrafen konnte man Korporal Meury nicht, weil er sich ja immer korrekt an die Dienstvorschriften hielt. Es gab ihm also nichts vorzuwerfen. Man hätte nur an seine Vernunft appellieren können, hätte er einem auch nur einmal ernsthaft zugehört. Es blieb uns also nichts, als Meury zu bekämpfen oder auszuschliessen, wo immer es möglich war.
Korporal Meury war ja nicht dumm, also vermutete ich, dass er ganz genau wusste, wie er mit seinem Verhalten in der Kompanie ankam. Und weil ihm das offenbar bewusst war, intensivierte er seine

«Attacken» gegen seine Umgebung, statt sich der jeweils gegebenen Situationen anzupassen. Kompromisse kannte Meury auch nicht. Wenn er sich etwas vorgenommen hatte, dann strebte er dieses Ziel mit allen Mitteln an. Schlussendlich spielte er in den meisten Fällen einfach seinen etwas höheren Dienstgrad mit der entsprechenden Befehlsgewalt aus.

Mein privater «Krieg» gegen Korporal Meury hatte also wenig Chancen auf Frieden. Schliesslich legte auch ich selber eine gewisse Sturheit an den Tag und beschloss, mich Korporal Meury nicht zu beugen. Unsere Auseinandersetzung erreichte ihren Höhepunkt während meines letzten Wiederholungskurses (WK) bei den Sappeuren in Kilchberg. Ich war, aufgrund der diversen, durch mich initiierten Ereignisse in der Küche zum normalen Dienst als Sappeur verbrummt worden. Also rückte ich – erstmals in meiner Dienstzeit – im Kampfanzug und mit Gewehr, Bajonett und Schanzknochen ausgerüstet, jeden Tag mit den Sappeuren zur Arbeit in der Landschaft aus.

Bereits in der ersten WK-Woche wurde zum Zwanzigkilometer-Marsch befohlen. Daran sollte die ganze Kompanie – natürlich ohne die Küchenmannschaft – teilnehmen. Das hiess, wir Soldaten wurden in Gruppen aufgeteilt und jeweils einem Gruppenführer, einem Korporal, zugewiesen. Die einzelnen Korporale hatte Namenslisten und riefen beim morgendlichen Antrittsverlesen die Namen ihren Gruppenmitglieder auf. Korporal Meury begann seinen Aufruf folgendermassen: «In der Gruppe Meury sind…», er hielt inne, schaute über die Reihen der versammelten Soldaten, setzte sein bekannte Grinsen auf und fuhr fort «…na, wo ist er denn? – Sappeur Kleiber!»

Es war mir in jenem Augenblick bewusst, weshalb ich zur Gruppe Meury gehören sollte. Daran war auch nichts zu ändern. Trotzdem rief ich – ich stand in der zweiten Reihe – laut zurück: «Nicht hier!» Die ganze Kompanie brach in schallendes Gelächter aus, das durch Korporal Meury unverzüglich abgewürgt wurde: «Ruhe! – Kleiber daher!» Während ich an den Reihen der Kameraden vorbei Richtung Meury ging, vernahm ich flüsternde Zuwendungen: «Viel Glück!» –

«Viel Vergnügen!» – «Mein Beileid!», oder «Dreh' ihm den Hals um!». Kurz bevor ich in der Nähe von Korporal Meury ankam, hielt mich der Kompaniekommandant auf. Er beugte sich zu mir und flüsterte: «Reissen sie sich bitte zusammen, Sappeur Kleiber. Es geht vorbei...». «Verstanden», antwortete ich, zwinkerte dem Offizier zu und bestätigte ihm: «Wird schon schiefgehen...».

Es ist schlussendlich schief gegangen. Ich wusste aus meiner Zeit in der Küche, dass jeder längere Marsch durch einen Lastwagen begleitet wurde. In der Regel handelte es sich um den 2-DM, das Küchenfahrzeug, das mit Tee-Kanistern und Zwischenverpflegungen beladen war. Zusätzlich wurden auf dem 2-DM Sanitätsmaterial und zwei Notliegen mitgeführt, für den Fall, dass einer der Marschierenden medizinisch versorgt werden musste. Der Lastwagen fuhr normalerweise am Schluss der Marschkolonne, machte immer mal wieder Zwischenhalte und holte dann wieder auf.

An jenem Tag regnete es leicht und nach rund vier Kilometern wurde ein Zwischenhalt befohlen, damit man Regenschutz montieren konnte. Einige der Soldaten nutzten die Gelegenheit, sich am Lastwagen ihre Feldflaschen mit Tee aufzufüllen. Ich schlich begab mich ebenfalls zum 2-DM und wartete ab. In einem unbeobachteten Moment warf ich mein Sturmgewehr auf die Ladefläche des 2-DM, wartete allfällige Reaktionen der Soldaten in meiner Nähe ab und bestieg dann den Lastwagen. Ich begab mich sofort ganz nach vorne und setzte mich in die dunkle Ecke auf einen Stapel von Zeltblachen.

Draussen rief man zum Aufbruch. Ich hielt den Atem an und horchte. Nichts. Mein Name wurde nicht gerufen, also hatte Korporal Meury meine Absenz nicht bemerkt. Ich atmete auf, öffnete die Feldflasche, die ich vorsorglich mit Rotwein gefüllt hatte, und nahm einen grossen Schluck. In diesem Moment war mir egal, wie lange meine Abwesenheit unbemerkt bleiben würde, Hauptsache ich war für einige hundert Meter oder eventuell sogar einige Kilometer in entspannender Sicherheit. Ich lehnte mich auf den Zeltblachen zurück und schaute durch das offene Verdeck des Lastwagens hinaus in die verregnete Landschaft. Der Lastwagen überholte auf einem langen, geraden Strassenabschnitt die in Einerkolonne am

Strassenrand marschierenden Soldaten. Man erkannte keine Gesichter, denn die Kapuzen hingen tief und die Soldaten gingen in leicht gebückter Haltung.

Trotz meines Verschlaufens verspürte ich keinen Augenblick lang Bedauern für die Kameraden da draussen. Ich hatte mir diesen kleinen Sonderstatus erkämpft, und aus meiner damaligen Sicht stand er mir auch zu. Viele Gedanken gingen durch meinen Kopf. Vor allem kam mir die Situation, der ganze Militärdienst als total nutzloses Unterfangen vor. Wie konnte es dazu kommen, dass ich mich von irgendwelchen Fremden zu völlig sinnlosen Arbeiten und Aktionen befehlen liess?! – Als absolut sinnloseste Aktion kam mir dieser Fussmarsch in Uniform und mit Gewehr vor. Die Gedanken daran, was ich wohl zur selben Zeit im zivilen Leben gerade machte, verschlimmerten meinen Frust und verstärkten meine Wut über die Situation, in der ich mich gerade befand. Ich fühlte mich als Gefangener, in meinen Freiheiten total eingeschränkt und meines normalen Lebens beraubt. Ich fühlte mich unwohl, und dieser Zustand machte mich zusehends krank. Hinzu kamen die erniedrigenden Schikanen des Korporal Meury.

Der Lastwagen hielt an. Es war ein weiterer Marsch-Halt angesagt. Jetzt musste ich aufpassen, dass ich nicht entdeckt wurde. Da ich hinter den Teekesseln und den Kisten mit der Zwischenverpflegung sass, war es praktisch unmöglich, nicht erkannt zu werden, denn der Chauffeur oder einige Soldaten mussten den Lastwagen besteigen, um die Zwischenverpflegung bereitzustellen. Ich erhob mich vorsichtig und begab mich ans hintere Ende der Ladefläche. Immer im Schatten des Verdeckes. Die ersten Marschierenden waren nur noch etwa zweihundert Meter entfernt. Ich liess mich langsam von der Ladefläche gleiten und mit zwei Sprüngen erreichte ich den nächsten Baum am Strassenrand. Dort versteckte ich mich hinter dem dicken Stamm und wartete, bis die Truppe in der Nähe des Lastwagens angekommen war. Die ersten Soldaten, die angekommen waren, stellten sich in einer Gruppe nahe meines Verstecks auf. Ich gesellte mich unauffällig zur Gruppe. Die Kameraden stellten ihre Sturmgewehre in einem Kreis auf den Zweibeinstützen auf, die Gewehrläufe zeigten in die Mitte. Da merkte ich, dass ich mein

Gewehr auf dem Lastwagen vergessen hatte.. Einer der Soldaten hatte gesehen, dass ich kein Gewehr deponierte. «Wo hast du dein Gewehr?», fragte er mich. «Dispens! Ich hab' eine Dispens», sagte ich sofort. Der Kamerad war zufrieden und wandte sich von mir ab.

Plötzlich erkenne ich die Stimme von Korporal Meury. «Kleiber, Soldat Kleiber, daher!» Meury hatte mich nicht gesehen, aber er hatte festgestellt, dass ich nicht bei meiner, respektive seiner Gruppe war. Meury hatte natürlich vorschriftsgemäss und pflichtbewusst nach der Ankunft am Zwischenhalt einen Appell durchgeführt. Und natürlich erkannte er dabei, dass ich fehlte. «Sappeur Kleiber, daher!» schallte es erneut über die Landschaft. Ich trat auf die Strasse und begab mich zu Korporal Meury. «Hier bin ich», sagte ich und setzte die rechte Hand zum Gruss an die Stirn, «ich bin ausgetreten, hatte es eilig.» Korpora Meury kam zwei Schritte näher. «Und wo ist dein Gewehr?!» Jetzt galt es für mich, die Antwort genau zu überlegen. Mein Gewehr lag auf der Ladefläche des 2-DM. Wie sollte ich dies erklären? «Eh, ich hab's in der Eile auf den Lastwagen gelegt», erklärte ich Meury. Er schaute mich kritisch an. «Wie bitte?! – Was ist das für eine Ordnung?! – Hol' sofort dein Gewehr und melde dich bei mir an!» Er hatte meine Erklärung zumindest nicht in Frage gestellt. Ich holte mein Sturmgewehr vom Lastwagen. Dazu musste ich allerdings die Ladefläche besteigen. Korporal Meury kam in riesigen Schritten auf mich zu. «Wie bitte kommt dein Gewehr so weit hinten auf die Ladefläche?!» Jetzt war ich entlarvt. Ich sagte nichts zu Meury's Frage. Ich stieg vom Lastwagen und stellte mich, Gewehr bei Fuss, vor Korporal Meury auf. Dann folgten die üblichen Straf-Übungen: «Gewehr schultern!» – «Gewehr bei Fuss!» – «Ruhn!» Die Soldaten um uns herum lachten und machten ihre üblichen Bemerkungen. «Hopp, Sappeur Kleiber, schneller!» Einen der Kameraden hörte ich lachend sagen: «Hat er dich wieder erwischt? Ha, ha, ha!»

Korporal Meury war zwar ein Ekel, aber er war nicht dumm. Er schaute mir tief in die Augen und sagte: «Du bist doch gar nicht marschiert, Kleiber, du bist doch mit dem Lastwagen gefahren!» Ich sagte nichts, es war mir egal, was jetzt folgen würde. In diesem Moment hoffte ich sogar still, dass ich zu Arrest verbrummt werde. Das wäre für mich ein gemütlicher Abschluss dieses unerträglichen

WK's gewesen. Korporal Meury aber hatte als Unteroffizier leider nicht die Kompetenz, Arreststrafen zu verhängen. Er entschloss sich für eine Sanktion, die mich erheblich härter traf, als Arrest: «Ab jetzt gehst du für die restlichen Kilometer neben mir!» Das war hart. Und weil ich absolut keine Lust dazu hatte, neben diesem schikanösen Korporal, und erst noch mit geschultertem Sturmgewehr zu marschieren, suchte ich nach einem Ausweg. Meine Situation schien aber ausweglos. Da entschied ich mich für den «Wutausbruch». Ich ergriff mein Sturmgewehr am vordersten Teil des Laufes, hob es an und begann es um meinen Körper herum zu schwingen. Korporal Meury wich zurück. Entsetzen zeigte sich in seinem Gesicht. Damit hatte er nicht gerechnet. Ich schwang mein Gewehr wie eine Fackel im Kreis. «Vergiss' es!», schrie ich Meury entgegen, «du kannst mich mal, du Tyrann!» Dann schwang ich das Gewehr ein letztes Mal um mich herum und liess es in hohem Bogen auf die Ladefläche des Lastwagens fliegen. Dort kam das Gewehr mit lautem Scheppern an. Um uns herum herrschte plötzlich absolute Stille. Alle Soldaten schauten auf uns.

Korporal Meury, der offensichtlich den Ernst der Lage erkannt hatte, bestieg den Lastwagen, holte mein Gewehr, liess sich von der Ladefläche gleiten und kam auf mich zu. Ich wich ihm aus, drehte mich ab und ging los, von Meury weg. Korporal Meury verfolgte mich: «Sappeur Kleiber, stillgestanden!», brüllte er mehrmals hinter mir. Ich ging noch ein paar Schritte, bis zu einem Baum. Dort lehnte ich mich lässig an und wartete, bis Meury bei mir angekommen war. «Du nimmst jetzt das Gewehr und marschierst weiter!» befahl der Korporal. Er drückte mir das Gewehr in die Hände. Ohne ein Wort zu verlieren, packte ich das Sturmgewehr erneut am Lauf. Meury wich sofort zurück, weil er ahnte, was passieren konnte. Er rechnete erneut damit, dass ich das Gewehr wegschmeisse. «Pass auf, was du im Sinn hast!», warnte Korporal Meury mit erhobenem Zeigefinger. Ich holte mit dem Gewehr zum Schwung aus, drehte es einmal um mich herum und schlug es mit voller Wucht gegen den Baumstamm neben mir. Lautes Geschepper ertönte, dann liess ich das Gewehr auf den Boden fallen. Endlich gab sich Korporal Meury «geschlagen». Offensichtlich waren ihm die Ideen ausgegangen. Er wusste nicht mehr, was er tun konnte, um mich zum Gehorsam zu bringen. Seine

«Mittel» waren erschöpft. Meury rief einen Chauffeur mit einem Jeep heran. «Du fährst den Kleiber zurück in die Unterkunft! Und dieses Gewehr stellst du beim Feldweibel sicher.»

Mein Tag schien vorerst gerettet. Ich war von diesem sinnlosen Marsch befreit. Der Jeep-Fahrer war allerdings etwas zu ängstlich und pflichtbewusst. Auf meinen Vorschlag für einen Zwischenhalt in einem Restaurant wollte er einfach nicht eingehen. Mein Sturmgewehr war übrigens von diesem Tag an für präzises Schiessen nicht mehr geeignet. Um meine obligatorischen Schiessübungen künftig erfüllen zu können, kaufte ich mir einen Karabiner mit Präzisions-Visier…

Meury bin ich nach diesem WK im späteren Leben nie mehr begegnet. Es war sicher besser so. Bei der Verabschiedung zum Ende des Kilchberger WK's streckte mir Korporal Meury die Hand entgegen und sagte: «Du hast's geschafft. Mach's gut.» Ich verweigerte ihm den Handschlag, schaute ihm in die Augen und sagte: «Geh' mir einfach künftig aus dem Weg!» Dann wandte ich einen meiner – juristisch abgesicherten – Lieblingssätze an: «Wenn es nicht ausdrücklich verboten und strafbar wäre, würde ich dich jetzt als Arschloch bezeichnen.» Ich sah Meury's Überraschung und gleichzeitige Enttäuschung in den Augen. Normalerweise war man froh darüber, die drei Wochen im Militärdienst einigermassen hinter sich gebracht zu haben und vergass bei der Verabschiedung die negativen Erlebnisse. Bei Meury aber war mir dies nicht möglich. Ich konnte ihm zu jenem Zeitpunkt nichts verzeihen.

Ich hatte für mich längst beschlossen, den Sappeuren den Rücken zu kehren und mich umteilen zu lassen. Einen WK, wie jenen in Kilchberg, wollte ich auf keinen Fall mehr verbringen. Ich hatte bereits dem Kommandanten der Kompanie bei der Verabschiedung prophezeit: «Im nächsten Jahr werde ich euch mit dem Helikopter besuchen!» Meine Behauptung war zu jenem Zeitpunkt zwar etwas kühn, aber ich brauchte diese Aussage für mich selber, für meine damals angeschlagene Psyche. Allein diese Aussage reichte für mich, dass ich mit erhobenem Kopf aus diesem WK nach Hause gehen konnte. Wie ich es anstellen sollte, oder konnte, meine spontane

Prophezeiung in die Tat umzusetzen, war mir damals noch nicht klar. Aber ich war wild entschlossen, Alles zu unternehmen, nicht mehr als Sappeur einzurücken. Eigentlich sollte ich Korporal Meury nachträglich dankbar sein, denn er hat durch sein Verhalten ermöglicht, dass meine künftige militärische «Karriere» völlig anders verlief.

Fotzelschnitten

15 kg Brot
8.75 l Milch
6.25 kg Mehl
100 Eier
4 kg Zucker
Zimtpulver
Salz
Muskat
15 l Friture-Öl

Aus Mehl, Milch, Eigelb, Salz und Muskat 3-4 Stunden vor Gebrauch einen Backteig herstellen. Steifgeschlagenes Eiweiß erst unmittelbar vor Verwendung darunterziehen.

Brot in 1 cm dicke Scheiben schneiden, Friture erhitzen. Brotscheiben durch den Backteig ziehen und im Öl goldgelb bis braun ausbacken. Abtropfen lassen.
Zucker mit Zimt mischen, die fertigen Fotzelschnitten darin wenden, warm stellen.

Sonntagswache bei der Freundin

Bei nur zwei Wochenenden innerhalb eines dreiwöchigen WK's und nur drei Personen in einer «Abteilung» (Sprich: Küche), ist die Chance relativ gross, dass man zur Sonntagswache befohlen wird. Im WK, den wir in der Gemeinde Hendschiken verbrachten, musste ich also die erste Sonntagswache übernehmen. Das hiess, ich musste nicht die militärischen Einrichtungen im Dorf bewachen, sondern in erster Linie die vier Soldaten der Sonntagswache verpflegen. Korporal Meury hatte mir den entsprechenden Befehl mit grossem, persönlichem Vergnügen überbracht. Er las mir aber nicht nur die zwei Namen auf seinem Befehlsblatt vor, sondern hängte seine beliebten Bemerkungen an: «Jetzt trifft's endlich mal den Richtigen! Und du weisst, Sonntagswache bedeutet nicht, dass du das Wochenende in der Beiz oder im Bett verbringen kannst». Dann las mir Korporal Meury die ganze Liste der Verpflichtungen während einer Sonntagswache vor. «Nicht, dass du etwa auf die Idee kommst, dich, wie gewohnt, zu verschlaufen», fügte er mit einem Augenzwinkern an.

Ich nahm den «Schicksalsschlag» murrend an. «Wenn's dir denn Spass macht…», brummte ich vor mich hin. Korporal Meury hatte meinen Kommentar gehört. «Hör' mal, wir sind nicht hier, um uns gegenseitig Spass zu machen! Ich habe keine Wahl. – Bitte, KüGe Kleiber, mach' mir keine Schande und halte dich für einmal an die Regeln!» Dazu hatte ich aber absolut keine Lust. Und es ging mir keinesfalls darum, den Meury zu hintergehen, sondern einzig und allein um meine persönliche Freiheiten. Mir war durchaus bewusst, wie wichtig die Präsenz von Militärpersonen bei offenen Material- und Fahrzeugdepos der Armee in einem Dorf war. Gleichzeitig aber stellte ich die Sonntagswache in Frage, weil allgemein bekannt war, wie diese von den dazu verpflichteten Soldaten gehandhabt wurde.

Klar, waren auch mir Zeitungsmeldungen bekannt, in denen von versuchten Diebstählen von Armeematerial berichtet wurde. Es hatte in der Schweiz sogar schon Fälle gegeben, wo Soldaten während der Sonntagswache von ihren Schusswaffen Gebrauch machen mussten, um Diebstahlsversuche abzuwenden. In jenem Augenblick – und gegenüber vom schadenfreudigen Korporal Meury – drehten sich meine Gedanken bereits um die Frage, wie ich mir die bevorstehende Sonntagswache angenehmer gestalten könnte. Ich habe mir später vorsorglich vom Feldweibel extra schon mal bestätigen lassen, dass ich nicht verpflichtet war, mich, als Küchengehilfe, das ganze Wochenende mit dem geschulterten Sturmgewehr zu bewegen. Auf eines hatte ich absolut keine Lust: Auf unangenehme Begegnungen in der Nacht.

Diese Sonntagswache passte mir überhaupt nicht ins «Konzept». Ich hatte für jenes Wochenende mit meiner Freundin einen kleinen Ausflug in ein Hotel im Schwarzwald abgemacht. Und dass ich sie jetzt überhaupt nicht sehen sollte, ärgerte mich doppelt. Ich fand zu jenem Zeitpunkt unserer Beziehung den Gedanken an zwei Wochen Absenz und Abstinenz schier unerträglich. «Ich möchte dich aber sehen!», flehte ich meine Freundin am Telefon an, «ich halt' das nicht aus, zwei Wochen ohne dich!» Freundin Eva fiel dann die rettende Idee ein: «Meine Eltern wohnen nicht weit von Hendschiken, also könnten wir uns doch da treffen». Der Vorschlag war sehr gut, das Problem an der Idee war aber, dass man sich von der Sonntagswache nicht entfernen durfte. Das war, laut Feldweibel, eines der schwersten Vergehen in der Armee. Eva meinte noch, dass dies doch niemand merke, aber für mich war klar, dass ich das nächste Wochenende einsam verbringen würde.

Die Sache liess mir aber keine Ruhe. Tags darauf redete ich mit dem Gastwirt des Restaurants, wo wir, wie gewohnt, das Serviergeschirr ausgeliehen hatten. Ich fragte den Wirt, ob er allenfalls bereit wäre, die Wachmannschaft – bestehend aus vier Soldaten – übers Wochenende zu verpflegen. Als Gegenleistung bot ich ihm vierzig Fleischkonserven, zwei Kilo Tomatenpüree, fünfzig Portionen Militärschokolade und zwei Kilo Kakaopulver an. Der Wirt überlegte kurz und sagte: «Leg' noch einen Sack Teigwaren dazu und die Sache ist geritzt». Dem Wirt brauchte ich nicht lange zu erklären, dass es sich dabei um eine absolute Geheimsache handelte. Er war Schweizer und kannte die speziellen Gesetzmässigkeiten in der Armee. Er lachte, als wir das «Geschäft» per Handschlag besiegelten und meinte: «Bist' frisch verliebt, was?»

Auf den Wirt war Verlass. Am Samstag nach dem «Abtreten» der Mannschaft packte ich ein paar Sachen – Ersatzwäsche, Zahnbürste und Zivilkleider – in eine grosse Tragtasche und wartete im Restaurant, bis auch die Offiziere ins Wochenende verschwanden. Ich trug natürlich militärisch korrekt meinen Kampfanzug. Pünktlich, wie vereinbart, fuhr Eva mit ihrem VW-Käfer beim Restaurant vor. Ich schlich mich hinaus und setzte mich ins Auto, dann fuhren wir los, ins 24 Kilometer entfernte Safenwil.

An jenem Wochenende brauchte ich weder Ersatzwäsche noch Zivilkleider. Wir haben das Bett im Gästezimmer von Eva's Elternhaus nur für äusserst dringliche Dinge verlassen. Am Sonntag gegen Abend fuhr mich Eva wieder zurück nach Hendschiken. Dort schlich ich mich, wieder im «Vierfrucht-Tenü» gekleidet, ins Restaurant. An zwei Tischen sassen Soldaten, die vom Urlaub zurückgekehrt waren. Am Stammtisch sah ich den Wirt, Korporal Meury und zwei unserer Offiziere. «Oha!», dachte ich mir, «War da etwa irgendwas schiefgelaufen? – Wurde meine Abwesenheit entdeckt? – Hat der Wirt etwa nicht dichtgehalten?» Es hätte durchaus auch sein können, dass Korporal Meury in seiner pflichtbewussten Art einen «Spion» auf mich angesetzt hatte. Ich ging möglichst gelassen an den Stammtisch, begrüsste Meury und die zwei Offiziere und dann den Wirt. Meury's schadenfreudiges Grinsen fiel mir sofort auf. Das bedeutete nichts Gutes. Ich setzte mich an den Tisch und fragte die Uniformierten: «Na, schönes Weekend verbracht?» Die beiden Offiziere nickten nur stumm mit dem Kopf, Korporal Meury grinste weiter. Ob das wohl ein gutes oder ein schlechtes Zeichen ist, fragte ich mich. Da rettete mich der Wirt vorerst aus der Situation: «Hier war's absolut ruhig.» Und zu mir gewandt ergänzte er seinen Satz mit der Frage: «Stimmt, oder? In der Küche gab's auch nicht viel zu tun». Damit war mir klar, dass niemand meine Abwesenheit bemerkt hatte. Korporal Meury verzog bei den Sätzen des Wirtes sein Gesicht in einen ernsten Ausdruck: «Na Küge Kleiber, du hast es also schadlos überlebt, oder?! Weshalb also immer deine Protestaktionen?» Zu den beiden Offizieren gewandt erklärte Meury: «Furchtbar, die Reporter-Typen. Die wollen immer Extrawürste...» Ich nahm Meurys Bemerkungen still zur Kenntnis und war beruhigt, zumindest für den Augenblick...

Mein «auswärtiger» Sonntagsdienst war aber nicht total unbemerkt geblieben. Ein Kollege, respektive Kamerad, der ebenfalls zur Sonntagswache verbrummt worden war, hatte mich offenbar beim Verschwinden beobachtet. «War das am letzten Samstag deine Freundin?», fragte er mich eines Abends nach dem Nachtessen, «ich hab' gesehen, wie du ins Auto gestiegen bist». Mit einem verschmitzten Augenzwinkern fügte er bei: «Und ich weiss auch, wann du zurückgekommen bist». Ich war also entlarvt. Mir wurde heiss. Mir war schlagartig wieder bewusst, dass solche «Vergehen» während der Sonntagswache hart bestraft würden. «O.k., ich musste dringend...» – «Bring' bitte keine erfundenen Ausreden!», sagte mein Kamerad, «sag' einfach, was dir mein Schweigen wert ist».

Ich wurde also erpresst. Eigentlich ein fast so schweres Vergehen, wie das Entfernen während der Sonntagswache. Aber mir war klar, dass ich mich – zu meinem Vorteil – besser auf die Erpressung einlassen sollte. «Eine Stange Zigaretten», schlug ich zaghaft vor. «Ich bin Nichtraucher!» Mein Gegenüber setzte ein breites Grinsen auf. «Ja, was stellst du dir denn vor?», fragte ich ihn. Nach kurzem Überlegen sagte er: «Du organisierst mir ab und zu einen Schnaps in den Kaffee!» Ich atmete tief durch. Ich fühlte mich, für den Moment wenigstens, gerettet. «Du kannst Schnaps haben bis zum Ende des WK's», bestätigte ich dem Kameraden. Wir besiegelten unser «Geschäft» mit einem Handschlag.

Tags darauf kaufte ich bei einem Bauern des Ortes zwei Flaschen «selbstgebrannten» Kirsch. Eine der Flaschen übergab ich am Abend dem Erpresser. «Nimm die ganze Flasche, so kannst du selber bestimmen, wann du deinen Kaffee ergänzen möchtest». Der Erpresser-Kamerad war entzückt, fragte aber dennoch: «Und wenn die Flasche leer ist?» – «Dann sorge ich natürlich für Nachschub!», beruhigte ich ihn. Schlussendlich kostete mich die «Sonntagswache» bei der Freundin ganze drei Flaschen Schnaps, aber immerhin nicht meinen Job in der Militärküche...

Käseschnitten   Rezept für 100 Personen

8 kg Käse
1 kg Zwiebeln
25 Knoblauchzehen
3,5 kg Mehl
7,5 l Milch
25 Eier
15 kg Brot
Salz
Pfeffer
Muskat
Paprika
15 l Friture-Öl
500 g Fett

Geriebenen Käse mit Mehl, Salz und Gewürzen trocken mischen. Nach und nach die Milch und die verklopften Eier beimengen. Feingehackte Zwiebeln und Knoblauch im erhitzten Fett anziehen, gut unter die Käsemasse mischen. Abschmecken. 3-4 Stunden ruhen lassen.

Brot in 1 cm dicke Scheiben schneiden und auf einer Seite mindestens 1/2 cm dick mit der Käsemasse bestreichen.

Friture erhitzen, Brotschnitten partienweise, die bestrichene Seite nach unten, goldbraun ausbacken.

Fertige Käseschnitten auf einem Sieb gut abtropfen lassen, warm stellen.

Der Geheim-Pakt
mit dem Grossverteiler

Zwischen dem ersten und dem zweiten Wiederholungskurs hatte ich meinen Job, respektive meinen Beruf gewechselt. Ich wechselte in meinen Traum-Job, den Journalismus, und hatte als Reporter in der Redaktion des Blick angefangen. Den Job-Wechsel nutzte ich dafür, einen WK zu verschieben. Das war, unter Begründung und Beweis des beruflichen Neuanfangs, damals möglich. In den nächsten WK rückte ich also nicht mehr als «Baufachmann», sondern als «Journalist» ein. Für meinen militärischen Alltag als Küchengehilfe änderte sich vorerst nichts. Die Kompanie war die gleiche, und auch im Küchen-Team hatte sich nichts verändert.

Während wir unsere Militärküche im WK-Ort in der Waschküche eines Restaurants einrichteten, besprachen wir mit dem Fourier die Menüs der ersten Woche. Wie gewohnt organisierte ich beim Gastwirt die Chromstahl-Platten für den Service. Da kam Küchenchef Max auf mich zu: «Gibt's hier im Ort einen kleinen Laden, wo Früchte und Gemüse angeboten werden?» Ich war genau so lange im Ort, wie der «Küsche», hatte also keine Ahnung. «Weisst du, im letzten WK, wo du nicht da warst, habe ich damit angefangen, die Gerichte optisch etwas aufzuwerten», erklärte mir Max. «Wir applizierten zum Beispiel frische Petersilie oder Schnittlauch, das macht sofort mehr her.» Geld gab's vom Fourier aber für solche «Spässchen», wie er es nannte, nicht. Die Garnituren mussten also gratis organisiert werden. «Und manchmal bekamen wir auch Yoghurt oder Glaces, die im Datum abgelaufen waren», erzählte Max weiter, «Die Soldaten waren richtige Fans von uns».

Beim Stichwort «abgelaufenes Datum» erinnerte ich mich an eine Begegnung als Blick-Reporter. Ich hatte an einer Pressekonferenz des Grossverteilers Migros teilgenommen. Da wurde das Verteilzentrum in Egerkingen vorgestellt. Und ich erinnere mich an die unvorstellbar hohen Zahlen an Material, das tagtäglich in die Zentrale zurückging, weil es vom Datum her nicht mehr verkauft werden durfte. «Ich hab' eine Idee», sagte ich zu Max, «lass' mich mal ein Telefongespräch führen!» Ich ging ins benachbarte Restaurant und rief den Chef der Verteilzentrale in Egerkingen an. Ich hatte seine Kontaktdaten in meinem Notizbuch. Er erinnerte sich sogar an mich, weil er sich damals gewundert hatte, dass «der Blick» an der Pressekonferenz vertreten war. Meine Situation war schnell erklärt, und der Mann überlegte einen kurzen Moment. «Gut, ich kann da was machen», sagte der Mann, «aber es muss unter uns bleiben! Ich möchte damit nicht eine Lawine auslösen...» Wir vereinbarten einen Termin für den nächsten Morgen – «nach dem Frühstück», sagte ich, «ich komme gleich mit einem Lastwagen».

Am Tag darauf sassen Küchenchef Max und ich in der Führerkabine unseres 2-DM's – Leo fuhr natürlich den Lastwagen. Vom WK-Ort bis zur Verteilzentrale hatten wir gerade mal zwanzig Minuten Fahrt. In der Zentrale wurden wir in eine spezielle Halle dirigiert und dort empfing uns mein Bekannter, der Chef, persönlich. «Voilà, hier könnt' ihr euch bedienen. Ich schlage vor, dass ihr höchstens zweimal pro Woche kommt». Max war überwältigt, ich war überzeugt, in seinen Augen Tränen gesehen zu haben. Wir fühlten uns im Schlaraffenland: Früchte, Dessert-Portionen, Milchprodukte und Patisserie zu Hauf. Aber auch Gemüse aller Arten lagerte da in Kisten. Alles Retouren aus den Läden. «Das ist grossartig», sagte ich und bedankte mich überschwänglich beim Chef der Zentrale, «wenn sie mal was von der Armee brauchen, bitte sagen!»

Wir suchten einige Kisten aus dem Angebot aus. Ananas, Orangen, Zitronen und Melonen. Dann Vanille- und Schokoladendesserts, Yoghurt in Schachteln. Max packte auch viel Gemüse auf unseren Lastwagen, das wir normalerweise in der Militärküche nicht zur Verfügung hatten. Und Leo, der Chauffeur, sicherte sich – und für die Truppe natürlich – vier grosse Kartons mit Schokolade-Drinks. Auf der Rückfahrt wiederholte Max immer wieder kopfschüttelnd: «Unglaublich! Damit werden wir die Küchen-Könige.» Als wir im Dorf ankamen, erwartete uns der Fourier mit finsterer Miene: «Wo bitte kommt ihr jetzt her?!» Küchenchef Max winkte beschwichtigend mit der Hand und bat Stefan, mit in die Küche zu kommen. Dort erzählten wir ihm von unserer Besorgungs-Exkursion und ich erklärte ihm: «Damit tun wir eine dreifach gute Sache: Wir verringern die Verschwendung von Lebensmitteln und verschönern der Truppe den Alltag. – Lieber Stefan, bitte spiel' mit, denn es wird sich auch für dich – das ist die dritte gute Sache – und deine Karriere durchaus positiv auswirken.» Nach kurzem Überlegen und dem Einwand «wie erklär' ich das bloss dem Kommandanten?» stimmte der Fourier zu. «Das nächste Mal aber bin ich dabei! – Ich mach' ja schliesslich die Menüplanung...»

Unsere Truppe, die Soldaten der Sappeur-Kompanie, waren von Anfang an begeistert über die neuen, kulinarischen Zugaben aus unserer Küche. Es gab exotische Früchte zum Dessert, oder Puddings und Eiscrème. Die Speisen, immer auf Platten serviert, waren garniert und es gab auch immer mal wieder spezielles Gemüse wie Broccoli, Blumenkohl oder Zuchetti. Küchenchef Max veredelte immer geschickter die Pflichtnahrung aus Büchsen mit frischen Zutaten. Nach der ersten WK-Woche erschien einmal der Kompanie-Kommandant, genannt «Kadi», in der Küche. Er stellte eine Flasche Rotwein auf den Tisch und sagte: «Meine Herren, ich muss ihnen mal ein Kompliment machen. Was aus dieser Küche kommt, ist erstaunlich und vor allem sehr gut.» Wir bedankten uns höflich und mit militärischem Gruss. Dann fügte der «Kadi» an: «Ich hoffe, das geschieht alles innerhalb unseres bescheidenen Budgets!»

Das Budget für die Verpflegung der Truppe war wirklich bescheiden. Dem Fourier standen, neben der umfangreichen Pflichtverpflegung, gerade mal CHF 3.50 pro Person und Tag zur Verfügung. Die Pflichtverpflegung, meistens in Form von Konserven, wurde natürlich gratis angeliefert. Dieses Budget gab natürlich sehr wenig Spielraum für kulinarische Extras. «Das reicht ja kaum für unsere Znünibrote», witzelte Freddy. Als ich einmal eine Sauce mit Rotwein, den ich vom Gastwirt bekommen hatte, verfeinerte, meinte Freddy: «Pass auf, mein Lieber, sonst gibt's für den Rest der Woche nur noch Wasser!» Wenn mal ein Soldat in der Küche vorbeikam und sich erkundigte, was andertags auf der Menükarte stehe, pflegte Freddy jeweils zu sagen: «Wir haben das Budget bereits weit überzogen, für den Rest der Woche gibt's leider nur noch Kieselsteinsuppe.»

Durch den «Pakt» mit der Verteilzentrale hatten wir natürlich keine Probleme, das Budget einzuhalten. Wir konnten im Gegenteil so richtig grosszügig arbeiten in der Küche. Verstanden hat das damals Niemand. Aber es wurden diesbezüglich auch keine Fragen gestellt. Alle waren zufrieden mit uns und mit der Verpflegung. Die Sache hatte aber bereits in der zweiten WK-Woche die ersten Auswirkungen. Unsere Art der Verpflegung hatte sich schnell herumgesprochen. In anderen Kompanien wurde man aufmerksam. Es kam immer öfter vor, dass die Kommandanten anderer Kompanien bei uns Meetings abhielten und sich danach gleich zum Essen einladen liessen. So dauerte es auch nicht lange, bis diese Informationen die höheren Ebenen der Armee erreichten. Das führte zu häufigen Besuchen des Brigadiers, des Divisionärs und ihrer Gefolgschaft. Zweimal gesellte sich sogar der Korpskommandant dazu. Und die bekränzten Häupter verliessen den «Schauplatz» jeweils höchst zufrieden – nicht, weil unsere Sappeure besondere Leistungen zeigten, sondern weil man gut gespiesen hatte.

Die Begeisterung der Sappeure bis hin zum «Kadi» hielt sich deshalb sehr in Grenzen. Man fühlte sich unter ständiger Beobachtung des Divisionärs und folglich entsprechend unwohl. Aber es wagte niemand, uns, die Küchenmannschaft, als Verursacher der Situation zur Verantwortung zu ziehen, respektive kulinarische Zurückhaltung zu verlangen. Irgendwie stellte sich mit der Zeit heraus, dass Brigadier und Divisionär in Wirklichkeit in erster Linie auch nur am Essen interessiert waren. Zu gross wären die Folgen gewesen. Keiner wollte mehr auf die Vorzüge und den Genuss unserer Produktion verzichten.

Da wir unsere WK's alle im Bereich Aargau und Mittelland verbrachten, konnten wir die Abmachung mit der Verteilzentrale aufrecht erhalten. Manchmal war die Anreise mit dem Lastwagen etwas länger, aber wir zogen die Sache durch. Wir profitierten auch von Tipps der Mitarbeiter der Verteilzentrale. Wenn beispielsweise spezielle Rückläufe von Lebensmitteln angekündigt waren. So konnten unser Küchenchef und der Fourier eine exakte Menüplanung erstellen. Die Produkte des Grossverteilers waren ein fester Bestandteil unserer Militärküche geworden. Entsprechend war auch die Erwartungshaltung der Truppe an die Verpflegung gestiegen. Und die freundliche Begrüssung der Sappeure, die uns alljährlich am ersten WK-Tag zuteil wurde, motivierte uns natürlich immer wieder neu. «Wir freuen uns schon auf's Mittagessen», rief man uns entgegen.

Auf jeden Fall war es jeweils meine alljährliche, vordienstliche Pflicht, meinem Bekannten in der Verteilzentrale unsere WK-Daten zu übermitteln und den ersten Abhol-Termin in Egerkingen zu vereinbaren. Und damit kein Tag ohne Menüveredelung anfiel, legten wir unseren «Einkauf» jeweils gleich als Zwischenhalt auf dem Weg vom Zeughaus zum WK-Ort fest. Weil wir als Küchen-Team so pragmatisch veranlagt waren, verbanden wir den kleinen Umweg über Egerkingen auch gleich noch mit einem Apéro in einem Restaurant. Dies bedurfte allerdings einiges an Überredungskunst gegenüber unseres pflichtbewussten Fouriers, aber schliesslich mussten wir ja die neu organisierten Lebensmittel jeweils in den vordienstlich erstellten Menüplan integrieren.

Apfelrösti Rezept für 100 Personen

25 kg Dosenapfelmus
20 kg Brot
10 l Milch
10 l Wasser
4 kg Zucker
4 kg Fett
25 Eier
2 kg Rosinen
 (fakultativ)
Geriebene Schalen von 25 Zitronen

Brot in kleine Würfel schneiden, partienweise im heißen Fett rösten.

Wasser und Milch mit Zucker aufkochen, Topf vom Feuer nehmen.

Mit dem Schneebesen das verklopfte Ei einrühren, ebenso die Rosinen und die Zitronenschale. Apfelpüree untermischen und stehen lassen.

Röstbrot erst kurz vor dem Anrichten beifügen.

Der Divisionär, seine Gäste und drei Hühner

Im Oktober 1979 rückten wir in Waltenschwil zum WK ein. Alles verlief wie gewohnt, wir konnten unsere Militärküche im ausgedienten, örtlichen Schlachthaus einrichten. Wir wurden, mangels Platz in der offiziellen Unterkunft der Mannschaft, im Dorfrestaurant einquartiert. Da genossen wir sogar den Luxus von Einzelzimmern – auf dem gleichen Stockwerk, wie unsere Offiziere. Das Wetter war perfekt spätherbstlich, aber durchwegs sonnig. Perfekte Voraussetzungen für drei gemütliche Wochen in Uniform.

Wir hatten uns auf der Fahrt nach Waltenschwil wieder, wie gewohnt, im Verteilzentrum der Migros in Egerkingen mit allerlei Lebensmitteln eingedeckt. Die Sappeure unserer Kompanie zeigten sich in den ersten Tagen erfreut über unseren gewohnten Service. Wir verbrachten eine erste WK-Woche ohne Probleme. Einzig die nächtliche Rückkehr von unseren «Ausflüge» in die Region gestalteten sich etwas schwierig, weil wir absolut geräuschlos an den Zimmern der Offiziere vorbeischleichen mussten. Wir waren dabei einzig durch unseren Küchen-HD Freddy gefährdet, weil er kaum eine Minute schweigen konnte und sich infolge fortgeschrittenen Alkoholgenusses mit seinen lauthals skandierten Kommentaren zur Schweizer Armee nur schwer zurückhalten konnte. Leo nahm ihn deshalb in der «Gefahrenzone» jeweils in enge Umklammerung und drückte ihm seine Stoffmütze vor den Mund.

Auch die zweite Woche begann ohne besondere Ereignisse, bis der Kommandant die ganze Kompanie, inklusive die Küchenmannschaft, zum morgendlichen Antrittsverlesen befahl. Wir fragten uns gegenseitig nach dem möglichen Grund. Freddy versicherte uns, dass er bisher noch nie beim Frühstücks-Kakao den Zucker mit dem Salz verwechselt habe. Wir sahen also absolut keinen Grund für eine

Disziplinarstrafe gegen uns. Ungewöhnlich war es schon, dass wir an einer solchen «Übung» teilzunehmen hatten. Fourier Stefan hatte uns noch extra ermahnt: «Da müsst ihr hin. Versucht ja nicht, euch zu verschlaufen. Ich will keinen Ärger wegen euch!» Wir stellten uns also frühmorgens brav und pünktlich in die langen Reihen ein.

Der Kommandant begrüsste kurz und verkündete, dass der Divisionär für diese Woche eine dreitägige Überlebensübung befohlen habe. «Die Küche gibt an jeden Soldaten drei Portionen Reis, Fleischkonserven, Büchsenbohnen und ausreichend Tee ab», erklärte der «Kadi», «die ganze Übung findet in der Umgebung von Waltenschwil statt.» Max stiess mich mit seinem Ellbogen seitlich an. «Geile Sache!», flüsterte er mir zu, «das sind drei Ferientage für uns». Dann wandte sich der «Kadi» direkt an uns, die Küchenmannschaft. «Für die Küchenmannschaft gibt's ebenfalls einen Spezialeinsatz», begann er, «der Divisionär wird die Übung überwachen und am dritten Tag mit einer Delegation aus ausländischen, hohen Armeeangehörigen als Gäste bei uns das Mittagessen einnehmen».

Fourier Stefan erklärte uns später die Details. Angekündigt zum Essen waren insgesamt acht Personen. «Man möchte ebenfalls im Feld verpflegt werden», sagte der Fourier, «aber unbedingt an unseren berühmt-berüchtigten, weissgedeckten Tischen». Freddy wagte als erster eine Bemerkung: «Aha, die hohen Offiziere drücken sich vor der Überlebensübung!» Wir zogen uns in die Küche zurück. Max holte für jeden von uns eine Bierflasche aus dem Kühlschrank. «Freunde, es wird also nichts aus den freien Tagen!» – «Das muss nicht sein», wandte ich ein, «wir könnten die hohen Gäste ja auch zur Überlebensübung einladen.» Meine Kollegen schauten mich verdutzt an und der Fourier hob den rechten Zeigefinger: «Keine Scherze Kleiber!», sagte er, «bitte, bitte keine Scherze! Wir werden den Divisionär und seine Gäste bewirten, wie sie es erwarten.»

Ich fand meinen Blitz-Gedanken zu gut, als ihn gleich wieder zu verwerfen. Nachdem sich der Fourier entfernt hatte, weihte ich meine Kollegen in meinen «Plan» ein: «Wir servieren den Gästen an unseren weissgedeckten Tischen Reis auf unseren Chromstahlplatten. Dazu stellen wir Tee und ein paar Flaschen Rotwein auf.» – «Was ist dabei

Überlebensübung?!», fragte Leo und schüttelte den Kopf. Max erhob die rechte Hand: «Stopp, zum Reis müssen wir schon noch etwas servieren! Ein schönes Steak oder feine Wienerschnitzel.» – «Klar», sagte ich, «wir servieren ihnen Huhn, aber lebendig, zum selber zubereiten!» Meine Kollegen schauten sich gegenseitig an und ich hörte Bemerkungen wie «jetzt hat's ihm ins Gehirn geregnet», oder «nehmt ihm das Bier weg!»

Freddy sagte aber spontan: «Gute Idee, das find' ich sensationell! Lassen wir die hohen Herren doch mal arbeiten für's Essen!» Wir diskutierten die Idee noch zirka drei Biere lang weiter, und schliesslich waren wir uns einig: «Das machen wir!» Natürlich stimmten wir Max zu, dass wir eine ausreichende Menge an Wienerschnitzel zubereiten, diese aber erst nach dem «Gag» mit den lebendigen Hühnern servieren. Wir waren überzeugt, dass alle der hochdekorierten Gäste diesen Spass verstehen würden.

Tags darauf fuhren wir mit dem 2-DM zu einem Bauernhof etwas abseits des Dorfes. Die dortige Bäuerin weihten wir in unseren Plan ein und ich fragte sie: «Vermieten sie uns bitte für drei Tage sechs Hühner?» Die Bäuerin lachte und willigte ein. Ich bot ihr zwei Franken Miete pro Huhn und Tag an. Dann suchten wir uns die Hühner aus. Wir beschlossen aber, aufgrund eines Einwandes von Küchenchef Max, dass wir nur drei Hühner mitnehmen. Leo holte den geflochtenen, grossen Brotkorb vom Lastwagen, legte den Boden mit etwas Stroh aus und dann packten wir die drei Hühner hinein. In meine Gamelle füllte ich noch Hühnerfutter. «Den Hühnern soll es ja gut gehen, die machen keine Überlebensübung.» Als wir uns von der Bäuerin verabschiedeten, lachte sie und sagte: «Sowas habe ich jetzt tatsächlich noch nie gesehen!»

Die Überlebensübung lief an, und weil die ganze Kompanie irgendwo in Feld und Wald weilte, merkte niemand etwas von der Anwesenheit unserer drei Hühner. Am Tag 3 der Übung bereiteten wir dann das Mahl für die hohen Gäste vor. Leo und Freddy stellten die Tische auf der Wiese unter einer grossen Linde auf. Sie drapierten die weissen Tischtücher, setzten Teller, Bestecke und Servietten dazu, die wir bei unserem Freund, dem Gastwirt besorgt hatten. Die Tafel für die

Gästeschar sah perfekt aus. Freddy rieb sich nach getaner Arbeit zufrieden die Hände und fragte: «Sollen wir noch Kissen organisieren, die Bänke sind doch etwas hart für empfindliche Offiziers-Hintern?» Der Fourier erschien. Er war sehr nervös. Wir hatten ihn nicht über unseren Plan eingeweiht, also war er ahnungslos darüber, was ihm wirklich bevorstand. Nervös war er schon wegen den erwarteten Gäste. Er checkte alles ab, zeigte sich zufrieden und als er in die Küche kam, waren Max und ich dabei, die Wienerschnitzel zuzubereiten. Sie brutzelten im Öl schwimmend in der grossen, rechteckigen Bratpfanne. «Sehr gut», sagte der Fourier, «das wird eine gute Sache, die unser Image nochmals etwas verbessert.» Sicherheitshalber hatte er den Wein von den Tischen entfernt. «Alkohol und Dienst, das passt nicht», hatte er gesagt, «Ich möchte deswegen keine Schelte des Divisionärs riskieren.» Max stiess mir den Ellbogen in die Seite und zwinkerte mir grinsend zu. «Wenn der wüsste…».

Der Fourier verschwand nach seinem Kontrollgang wieder. Er liebte Begegnungen mit hohen Offizieren nicht so sehr. Hohe Offiziers-Grade machten ihn nervös. Obwohl er seine Arbeit tadellos erledigte, zog er sich lieber zurück. Später aber erkundigte er sich über den Verlauf der Begegnungen und allfällige Reklamationen. Und wenn an seiner Arbeit oder an einem seiner Entscheide Kritik geäussert wurde, dann versuchte er sich immer zu rechtfertigen. Er ärgerte sich immer und sehr gerne über negative Äusserungen. «Was meinst du», fragte mich Max, nachdem der Fourier gegangen war, «sollten wir ihn nicht über unseren Gag informieren?» – Ich musste nicht lange überlegen. Mir war innert Sekundenbruchteilen klar, dass unser Plan hinfällig wurde, wenn Fourier Stefan auch nur einen Bruchteil davon erfuhr. «Nein, auf keinen Fall!», sagte ich, «wir ziehen das durch und entschuldigen uns nachher beim Fourier dafür, dass wir ihn nicht einbezogen haben.»

Mir war natürlich klar, dass unser «Gag» für uns durchaus auch negative Folgen haben konnte. Humor war in der Schweizer Armee höchstens an Kompanie-Abenden geduldet. Und da auch nur sehr eingeschränkt. Ich hatte mal, um den Sappeuren eine Freude zu bereiten, meine Beziehungen genutzt und eine Striptease-Tänzerin aus dem Zürcher «Niederdorf» organisiert. Danach kam ich nur knapp an einem Prozess vor dem Militärgericht vorbei. Dabei hatte ich der Dame klar verboten, sich total nackt zu präsentieren...

Unsere Gäste erschienen. Der Divisionär kam, wie gewohnt, mit dem Helikopter, die anderen Militärs und die ausländischen Beobachter wurden in Limousinen angefahren. Als sich die Gruppe an die weissgedeckten Tische bewegten, standen wir, die aus vier Personen bestehende Küchenmannschaft, perfekt in einer Reihe Spalier. Wir wurden kaum beachtet. Uns war klar, wir spielten hier absolute Nebenrollen. Was weder der Divisionär und seine Gäste noch wir selber zu jenem Zeitpunkt aber noch nicht wussten, war die Tatsache, dass sich die «Rollenverteilung» demnächst sehr verändern würde. Die Herren setzten sich an die Tische. Sie unterhielten sich angeregt über allerlei militärische Dinge. Plötzlich hob der Divisionär seine rechte Hand und machte uns das deutliche Zeichen zum Servieren des Menüs.

Wir trugen also die grossen Chromstahlplatten mit dem Reis auf. Dann stellten Leo der Chauffeur und Freddy der Küchengehilfe einen grossen Metallzuber mit heissem Wasser neben den Tisch. Unsere Gäste schauten sich gegenseitig verwundert an, crahnten aber noch nicht, was das dampfende Wasser zu bedeuten hatte. «Sollen wir wirklich?», fragte Max, der offensichtlich plötzlich verunsichert war, «wir können die Sache immer noch absagen.» Ich nahm eines der Hühner, denen wir je eine zirka einen Meter lange Schnur ans rechte Bein gebunden hatten. Leo und Freddy taten das Gleiche. Dann marschierten wir raus und auf die Tische mit den Gästen zu. Wir hielten vor dem Divisionär an und ich sagte: «Herr Divisionär, auch für sie gilt heute die Überlebensübung. Hier sind die Hühner, die sie für's Essen bitte selber zubereiten.» Der Divisionär wusste zunächst nicht, wie er reagieren sollte. Er schaute mich verdutzt an, dann wandte er sich an seine ebenfalls verwunderten Gäste. Freddy meldete sich zu Wort: «Herr Divisionär, Küchengehilfe Wiemers, für den Fall, dass sie bei der Zubereitung Fragen haben, steht unser Küchenchef selbstverständlich zu ihrer Verfügung.» Wir zogen uns zurück und verschwanden in der Feldküche.

Irgendwie schien die Temperatur schlagartig gefallen zu sein. Die ganze Gesellschaft sass da, wie tiefgefroren. Es war für uns schwer, nicht in schallendes Gelächter auszubrechen. Die Situation und die entsprechende Stimmung an den Tischen war einmalig. Zwar unterhielten sich einige der hohen Offiziere immer noch, weil sie vermutlich gar nicht mitbekamen, was sich am Kopf des langen Tisches gerade abgespielt hatte. Der Divisionär aber erhob sich und machte sich auf den Weg zur Küche. «Jetzt macht euch mal aus was gefasst, liebe Freunde!», sagte Küchenchef Max, «ich glaube, der Gag ist nicht gut angekommen».

In der Küche konnten wir den Divisionär beruhigen, indem wir ihm die vorbereiteten Wienerschnitzel präsentierten. «Es war als kleiner Gag gemeint», sagte ich, «selbstverständlich servieren wir ihnen und ihren Gästen nun das normale Menü.» Der Divisionär, immer noch selber im Unklaren darüber, wie er auf unseren Scherz reagieren sollte, lächelte kurz und meinte: «Also dann, wir haben Hunger!» Zu den Schnitzeln servierten wir einen gemischten Salat und als Krönung gab's zum Dessert ein feines Tiramisu aus der Migros. Unsere Gäste zeigten sich nach dem Essen äusserst zufrieden, einige bedankten sich sogar für den vorzüglichen Service. «Das ist reine Dankbarkeit», sagte später Küchengehilfe Wiemers, «die sind froh, dass sie keine Hühner rupfen mussten».

Am Tag darauf kam dann der Fourier. Er betrat die Küche mit finsterer Mine. Offenbar hatte der Divisionär nachträglich doch noch eine passende Reaktion auf den Vorfall mit den Hühnern gefunden. «Ihr seid doch wahnsinnig!», brüllte der Fourier, «man sollte euch in psychiatrische Behandlung bringen. Was ist euch bloss eingefallen?!» Zu mir gewandt ergänzte er: «das ist sicher wieder auf deinem Mist gewachsen!» Dann verkündete uns der Fourier, dass wir für den Gag bestraft würden. «Alle miteinander, auch ich», fügte er an, «Wir müssen morgen einen Straf-Marsch von zwanzig Kilometern absolvieren.» Küchengehilfe Freddy fasste sich zuerst und fragte: «Zu Fuss?! Wir sollen zwanzig Kilometer zu Fuss zurücklegen?» Ich versuchte ihn zu beruhigen: «Keine Panik, wir haben ja Leo, den Chauffeur, dabei – und Restaurants gibt's ja sicher auch auf der Strecke.» Der Fourier aber hob den Zeigefinger: «Vergesst' das sofort wieder. Wir bescheissen nicht, wir gehen die ganze Strecke zu Fuss ab. Und: Einkehren in Restaurants ist absolut verboten». Der letzte Hinweis des Fouriers war für uns nicht «in Stein gemeisselt», wir schwiegen aber vorerst dazu.

Das Wetter war perfekt für unsere Wanderung. Und der Fourier, der uns in Wirklichkeit viel näher stand, als er selber je zugegeben hätte, hatte für uns einen enormen Vorteil ausgehandelt: Wir durften den Straf-Marsch ohne Gewehre absolvieren. Der Strafmarsch wurde für uns zur bequemen Wanderung. Und der Fourier hatte mit seinen zaghaften Protestversuchen keine Chance gegen uns, wir sind unterwegs – entgegen jeden Befehls – dreimal in Wirtshäuser eingekehrt.

Als wir die Hühner für den Rücktransport zum Bauernhof bereit machten, kam es schliesslich noch zu einer kleinen Überraschung: Küchenchef Max entdeckte im Stroh im Brotkorb, wo die Hühner untergebracht waren, zwei frisch gelegte Eier. «Nun haben wir fast noch ein Geschäft gemacht mit der Hühner-Miete», bemerkte Küchengehilfe Freddy, «das sollte in der Armee eingeführt werden, dann gäb's für die Truppe täglich frische Frühstücks-Eier...»

Risi-Bisi　　　　　　　　　Rezept für 100 Personen

12,5 kg Reis
3,75 kg Magerspeck
500 g Fett
2 kg Zwiebeln
25 Knoblauchzehen
10 kg Dosenerbsen
Salz
Pfeffer
Muskat
30 l Bouillon

Fett erhitzen, gewürfelten Speck auslassen, feingehackte Zwiebeln und Knoblauch anziehen, mit Bouillon ablöschen, aufkochen lassen. Salzen und würzen.

30 Minuten vor dem Servieren Reis beifügen, aufkochen lassen, vom Feuer nehmen. Bei geschlossenem Deckel ziehen lassen, heißgemachte Erbsen abschütten, abspülen und sorgfältig unter den Reis mischen.

Der Bombenleger und mein Abschied

Der «Fall» mit den Hühnern und der Name des Urhebers dieses Spässchens hatten sich schnell unter Offizieren und Soldaten anderer Kompanien herumgesprochen. Die Tatsache, dass wir uns mit den Höchsten der Armee und ihren ausländischen Gästen einen Scherz erlaubt hatten, konnte der Divisionär nicht einfach mit der Verhängung eines Strafmarsches erledigen. Sein vorgesetzter Brigadier forderte dafür härtere Sanktionen. Schon allein die Befürchtung möglicher Nachahmer zwang den Divisionär zur «Statuierung eines Exempels».

Für mich persönlich erschwerend kamen zwei weitere Vorfälle hinzu, die sich wenige Tage vor dem Spass mit den Hühnern ereignet hatten. Die Sappeure waren in der Nähe von Deitingen, am Ufer der Aare, damit beschäftigt, gefechtsmässig einen Brückenkopf aufzubauen. Das heisst, es wurde nachts gearbeitet. Und wenn die Truppe nachts arbeitete, hatten wir von der Küche den Befehl, ausreichend frischen Tee zur Verfügung zu stellen. Der Tee wurde in der Küche zubereitet, dann in speziell isolierte Behälter abgefüllt und zum Einsatzort transportiert. Da dieser Tee-Transport auch mal um Mitternacht stattfinden konnte, losten wir unter uns aus, wer die Lieferung jeweils auszuführen hatte. Schliesslich fand der «Tee-Service» ja während der offiziellen Ausgangs-Zeit statt, dem Ausführenden entgingen also unter Umständen einige vergnügliche Stunden mit den Kollegen in irgendeinem Wirtshaus.

In jener Nacht hatte ich das «Los» gezogen, also bereitete ich den Tee zu und bat dann Leo, mich samt Tee an den Arbeitsplatz der Kompanie zu chauffieren. Leo parkierte den 2-DM in der Nähe des Einsatzortes unter einer Autobahnbrücke. Die Fahrerkabine deckten wir vorschriftsmässig mit einem grossen Tarnnetz ab. Damit war der grosse Lastwagen ausreichend getarnt und weder für die eigene Truppe, noch für den «Feind» sichtbar. Wir servierten den Tee, schauten den Sappeuren noch einige Minuten bei der Arbeit zu, gingen dann aber wieder zum Lastwagen. Da Leo eine Zigarette rauchen wollte, begab ich mich ans nahe Flussufer und schaute über die dahinfliessenden Wassermassen.

Plötzlich hörte ich Leo rufen: «Halt! Wer da?! Stehenbleiben!» Ich rannte zurück zum Lastwagen und sah Leo mit seinem Sturmgewehr im Anschlag vor zwei Jugendlichen stehen. «Was ist passiert?», fragte ich, und Leo erklärte mir, dass die Jugendlichen mit einem Gewehr dahergekommen waren. Tatsächlich lag vor den Burschen ein Gewehr auf dem Boden. «Aha, eine Winchester», stellte ich fest, «was habt ihr denn damit vor?» – «Eh, nichts besonderes», sagte kleinlaut einer der Burschen, «vielleicht ein paar Schiessübungen durchführen, oder so.» Er habe das Gewehr geschenkt bekommen und noch nie damit schiessen können, erklärte der zweite Jugendliche. Ich nahm das Gewehr vom Boden auf und kontrollierte fachmännisch, ob es geladen war. Tatsächlich rutschten beim Öffnen der Ladeklappe fünf Patronen heraus und fielen auf den Boden. Ich kannte die Winchester bestens, weil ich selber auch zwei Exemplare besass. Leo schaute stumm zu und staunte über meine Waffenkenntnisse. Er hatte sein Sturmgewehr wieder in der Kabine des Lastwagens verstaut und zündete sich eine zweite Zigarette an.

Ich steckte die Patronen wieder in die Winchester und sagte zu den Burschen: «Also, dann probieren wir die Waffe gleich mal aus. Aber aufgepasst, das ist gefährlich!» Einer der Jugendlichen sagte: «Gut, dass wir euch getroffen haben, so lernen wir vom Fachmann…» Das uns gegenüberliegende Ufer ging, auf der anderen Seite der Autobahn, als Böschung steil hinauf. Es war mit Gras bewachsen und in der Mitte der Böschung stand ein kleiner Holzschuppen, der vom Mondlicht angestrahlt hell erleuchtet war. «das Gegenüber sieht sicher aus», sagte ich, «da kann nichts passieren.» Ich legte die Winchester an meine rechte Schulter an, zielte auf den kleinen Holzschuppen und drückte ab. Wenige Sekunden nach dem Schuss hörten wir ein klapperndes Geräusch aus der Richtung des Schuppens. Dort öffnete sich seitlich eine kleine Holztür und vier Schafe rannten laut blökend mit grossen Sprüngen hinaus. «Oh», sagte Leo neben mir, «das Teil war bewohnt!» Er lachte lauthals. – Mir verschlug's zunächst die Sprache. Ich wusste spontan nicht, was ich sagen sollte. Die Situation war einfach nur peinlich. Was sollte ich den jungen Burschen jetzt erzählen? Nachdem ich mich etwas gefasst hatte, sagte ich: «Da seht ihr, wie gefährlich das ist. Und vor allem wie wichtig es ist, den Zielbereich immer zuerst genau zu überprüfen.»

Zum Glück waren die beiden Jugendlichen noch schockierter über den Vorfall, als wir. Sie nickten beide nur mit dem Kopf. Ich entlud die Winchester wieder und während ich sie dem einen der Burschen übergab, sagte ich mit ernster Mine: «Also, ihr habt was gelernt: Immer zuerst die Gegend checken!» Die beiden Burschen verschwanden im Dunkeln. Leo kam zu mir, zwinkerte mir zu und meinte: «Du hast wieder mal mehr Glück, als Verstand gehabt…» Im nächsten Augenblick erschienen aus dem Dunkeln zwei Unteroffiziere der in der Nähe arbeitenden Sappeur-Kompanie. «Habt ihr den Schuss auch gehört?», fragte der einer, «das muss ganz in der Nähe gewesen sein!» Die Korporale waren sichtlich nervös.

Nun stellte ich mir selber die Frage, ob Ehrlichkeit in einem solchen Moment wohl angebracht war. Wenn ich erzählte, was wirklich angelaufen war, machte ein pflichtbewusster Korporal eventuell Meldung an den Kommandanten. Die Folge wären unangenehme Fragen und vielleicht eine Disziplinierung nach Art der Armee gewesen. Auf meinen Kumpel Leo konnte ich mich verlassen. Der würde sich meinem Entscheid stillschweigend anschliessen. Spiele ich aber den Ahnungslosen und sage ich nichts, riskiere ich, dass die beiden Burschen irgendwann vom Erlebnis in der Nacht erzählten. Dann würde sich die Geschichte verselbständigen und herumsprechen – und schliesslich irgendwann auch beim Kompaniekommandanten ankommen. Ich entschied mich spontan für die Variante «Lehrmeister». «Ja, das war ich selber, der geschossen hat», begann ich meine Erklärung, «da waren zwei Jungs mit einer Winchester und ich führte ihnen vor, wie gefährlich das sein konnte.»

Ob und wie die Unteroffiziere meine ausführliche Schilderung des Vorfalles – natürlich ohne das Detail mit den flüchtenden Schafen –

je verstanden haben, erfuhren wir nie. Auf jeden Fall aber erstellten sie einen Rapport, der mir ein «Gespräch» mit dem Kommandanten bescherte. Und das Gespräch schloss mit einer offiziellen Verwarnung. «Da haben sie doch wieder eine Blick-Story gerochen», sagte der Kadi augenzwinkernd, «Halten sie sich etwas zurück, sie sind hier im Militärdienst. Betrachten sie diese drei Wochen doch mal als Ferien und verdrängen sie den Reporter!» Ich beugte mich am Tisch vor und schaute den Kommandanten an: «Eines müssen sie wissen, Herr Kommandant: Reporter ist man mit dem ganzen Körper und jederzeit. Das kann man nicht mehr einfach mal zur Seite legen!»

Es verging keine Woche nach dem Winchester-Fall, da wurde meine Reporterseele noch schwerer geprüft. Ich hatte mich während der zweiten Woche mal kurz über eine Meldung im Blick geärgert. Da wurde von einem mysteriösen Bomben-Anschlag auf ein Basler Restaurant berichtet. Nur kurz, knappe vierzig Zeilen und ohne Bild. «Das wäre eine Story für mich gewesen», sagte ich zu meinen Kollegen. Wir sassen beim Apéro am Stammtisch des Restaurants. «Ich kenne den betroffenen Beizer, den hätte ich ganz schön ausgequetscht. Da gab's bestimmt eine interessante Hintergrundgeschichte zwischen dem Wirt und dem Bombenleger.»

Das folgende Wochenende hatte ich in Basel verbracht. Da ich am Sonntagabend etwas zu früh am Bahnhof war und gerade keine Lust auf ein weiteres Bier verspürte, bestieg ich einen früheren Zug Richtung WK-Ort. Im gleichen Abteil sass ein sichtlich angetrunkener Soldat. Ein 22er, also ein Sappeur aus der gleichen Kompanie. Er war mir schon öfters aufgefallen, weil er beim Essen-Fassen immer nach einer zweiten Portion fragte. Wenn ich die Essensausgabe zu beaufsichtigen hatte, gewährte ich dem Kollegen immer die zweite Portion. Er war gross und von kräftiger Statur. Setzte sich oft bei kleinen Auseinandersetzungen zwischen Soldaten für den «Schwächeren» ein – immer unter Anwendung eines Griff's mit einer seiner starken Hände, vor allem aber immer erfolgreich. Der Typ schien, bei aller Grobheit seiner Gesten, ein gutes Herz zu haben. Und mein Hintergedanke war: Vielleicht bin ich mal froh um seine «Dienste»… Als ich das Bahnabteil betrat, begrüsste ich den Mann. Er schaute auf, schien mich trotz hohem Alkoholspiegel sofort zu erkennen. «Ah, morgen wieder die doppelte Portion Brot zum Frühstück, bitte.» Ich lachte und bestätigte ihm: «Wenn ich da bin, wirst du immer anständig bedient. Da kannst du sicher sein.»

Der Mann, nennen wir ihn Johnny, griff in seinen Eff-Sack, der vor ihm am Boden stand. Er zückte zwei volle Bierflaschen hervor. «Komm', wir trinken endlich mal einen auf unsere gute Zusammenarbeit!» Es wurde eine der heitersten Eisenbahnfahrten meines Lebens. Wir liessen niemanden in unser Abteil. Ich erhob mich jeweils und teilte den Zugpassagieren mit: «Das ist militärische Sperrzone. Die haben wir beschlagnahmt und bringen sie dem Divisionär.» Es gab auf dieser Zugfahrt am Sonntag Abend keinen Passagier, der meine Mitteilung nicht entschuldigend befolgte und sich zurückzog. Johnny hatte noch zwei weitere Bierflaschen aus dem Sack gezaubert...

Bei unserer Ankunft torkelte Johnny nicht auf die Turnhalle zu, mit den Unterkünften, sondern steuerte das Dorf-Restaurant an. Er packte mich bei der Schulter. «Komm', wir nehmen noch einen Schlummertrunk!» Wenige Minuten später – und nach dem Umweg über die Toiletten – sassen wir am Stammtisch und prosteten uns mit einem «Becher» zu. Nach dem ersten Schluck stellte Johnny das Glas vor sich auf den Tisch. Er sagte kein Wort, und ich hatte plötzlich das Gefühl, dass er weinte. Und tatsächlich: er schluchzte tief. Auf meine mehrfach wiederholte Frage, was denn los sei, schaute er mich an und sagte: «Ich habe einen grossen Mist gebaut». – «Willst du's mir erzählen?», fragte ich vorsichtig. Johnny atmete tief durch. «Ich bin der Bombenleger von Basel.» Mir stockte der Atem. Mir war sofort bewusst, von wem und von welchem Ereignis Johnny da erzählte. «Was?! Bist du sicher?!», schoss es aus mir heraus, «erzähl' keine selbsterfundenen Geschichten, bitte!»

Johnny aber meinte es ernst. Und er wollte «reinen Tisch» machen, weil er angeblich nicht mehr mit der Belastung leben könne. Dann erzählte er. Vor einer Woche, ebenfalls sonntags, sass er in Basel im Tram Richtung Bahnhof, um wieder einzurücken. Er hatte wieder seinen Eff-Sack dabei. Und Johnny war, wie gewohnt, leicht angetrunken. Das Tram fuhr vom St. Johanns-Park her in die

Haltestelle an der Johanniter-Brücke. Genau vis-à-vis der Haltestelle war das Restaurant «Zur Metzgern». Johnny schaute hinaus. «Da erinnerte ich mich daran, dass mich der Beizer mal rausgeworfen hatte», erzählte Johnny weiter, «und da regte ich mich gerade wieder grausam auf, über den Typen». Johnny griff in den Eff-Sack und zog einem präparierte Sprengladung, das heisst, einen faustgrossen Würfel aus Plastit samt Zündkapsel und Zündschnur, heraus. «Ich rannte aus dem Tram, legte die Sprengladung einfach auf die Fensterbank des Restaurants, zündete die Zündschnur an und ging wieder zurück ins Tram». Die Zündschnur reichte etwa für drei Minuten. «Als wir am Totentanz ankamen, hörte ich den Knall», erzählte Johnny in absolut ruhigem Ton.

Ich wusste zunächst nicht, wie ich reagieren sollte. «Ja, aber, nur weil du wütend auf den Wirt warst...» Johnny unterbrach mich: «Ach was, ich habe nichts überlegt dabei, einfach gehandelt.» In erster Linie wollte er an jenem Sonntag auf der Rückreise in den WK «nur diese verdammte Sprengladung loswerden!» Er habe das Teil nach einer Übung heimlich mitgenommen. «Ich wollte denen beweisen, dass diese Dinge nicht gesichert waren». Er habe den Sprengstoff eigentlich heimlich wieder zurücklegen wollen, das Risiko, dabei erwischt zu werden, war ihm aber zu gross. Also wollte er den Sprengstoff anderweitig entsorgen. «Die Sache tut mir so leid, ich weiss nicht, wie ich sie wieder aus der Welt schaffe!» Ich griff Johnny's Unterarm, schaute ihn an und sagte: «Das wirst du nur los mit einem Geständnis.» Dann erzählte ich ihm Dinge, wie «alkoholisierter Zustand», «zufälliger Ort», «keine Verletzungs-Absicht», und so weiter.

Johnny willigte schliesslich ein. «Also, ich melde mich beim Kommandanten». Da ich natürlich die gute Story schon im Kopf hatte, musste ich taktisch richtig vorgehen. Noch am gleichen Abend verlangte ich, zusammen mit Johnny, eine Unterredung mit dem Kadi. «Es ist enorm wichtig und erlaubt keinen Aufschub!», hatte ich dem Kommandanten gesagt, damit er die Dringlichkeit der Sache verstand. Kurze Zeit darauf erzählte Johnny die Geschichte dem Kadi. Dieser sagte dann klar, dass er der Militärpolizei Meldung erstatten müsse, und dass diese dann wohl tags darauf hier erscheinen würden. Johnny war immer noch entschlossen, die Sache durchzuziehen.

Für mich war klar, dass die Story exklusiv in den Blick gehörte. Ich erinnerte mich an einen Stammtisch-Kollegen, der im Ort eine Handelsfirma hatte. Ich brauchte einen «Telex», damit ich Text an den Blick übermitteln konnte. Und Handelsfirmen arbeiteten zu jener Zeit viel mit Telex zur zeitgleichen Übermittlung von Bestellungen. Am Montagmorgen, kurz vor halb acht Uhr, stand ich also bei dem Mann im Büro. «Ich brauche ganz dringend deinen Telex, damit ich eine wichtige Mitteilung an den Blick schicken kann». Der Mann fühlte sich – zu meiner Überraschung – geehrt und zeigte mir den Raum mit der Telex-Maschine. Kurze Zeit danach ratterte meine Story über den Fernschreiber. Per Telefon hatte ich den Nachrichtenchef kurz informiert.

«Hey, Kleiber, jetzt hast du eine Story verpasst», sagte Küchenchef Max zu mir, als wir uns zu Apéro und Menübesprechung an den Stammtisch des Restaurants setzten. «Die Militärpolizei hat eben einen unserer Soldaten abgeholt, in Handschellen!» Ich grinste still vor mich hin und sagte zu Max: «Besorg' dir morgen früh den Blick, denn der wird hier wohl sehr schnell ausverkauft sein!» Und tatsächlich war die Geschichte gross aufgemacht: «Der Bombenleger von Basel ist gefasst!» Unter der Schlagzeile, das machte mich besonders stolz, stand als Autor: «von Peter Kleiber».

«Sie haben das zu unterlassen, über Ereignisse während ihrer Dienstzeit zu berichten!», fuhr mich der Divisionär an, «haben sie das verstanden?!» Er war mit seinem Helikopter eigens wegen dieser Story an unseren WK-Ort geflogen. Ich entschuldigte mich zunächst für den «Fehler» mit dem Hinweis «ist halt so'ne Sache mit unserem Beruf». Ich fügte aber dennoch meine persönliche Meinung zum Fall hinzu: «Herr Divisionär, sie gestatten eine Bemerkung: Eigentlich ist die Armee verantwortlich für den Bombenanschlag. Hätte man endlich ein brauchbares Konzept zur sicheren Handhabung von Sprengmitteln…» Ich kam nicht bis zum Ende meiner Erklärung. Der Divisionär unterbrach mich mit einem harschen «Wegtreten!» – Die Sappeure steckten die Köpfe zusammen und fragten sich, was wohl der Anlass für den hohen Besuch gewesen sei. Küchengehilfe Freddy klärte jeweils die Fragenden auf: «Nicht weitersagen: Der will den Kleiber zu seinem Nachfolger ernennen...»

Diese Vorkommnisse mit mir als Haupt-Urheber gruben sich natürlich immer tiefer in die empfindlichen Nervenbahnen der Militärköpfe ein. Und der Fall mit dem Bombenleger von Basel brachte das «Fass» offenbar zum Überlaufen. Der Kompaniekommandant liess mir noch im gleichen WK durch den Feldweibel mitteilen: «Küchengehilfe Kleiber ist ab dem nächsten WK in Kilchberg wieder ganz normaler Sappeur». Die Nachricht traf mich wie ein Blitz. Damit hätte ich nie gerechnet. Ich war schockiert, denn die ganze Kompanie hatte doch über Jahre hinweg sehr von meinen Beziehungen profitiert – zumindest im sehr wichtigen, kulinarischen Bereich.

Jetzt kamen die vielen Gedanken an «Verweigerung», «Desertion», etc. wieder in mir auf. Noch Tage nach dem WK beschäftigte ich mich mit der Frage, wie ich dem Sappeur-Einsatz entgehen könnte. Die Chancen aber waren sehr gering. In Gesprächen mit Bekannten, die im Offiziersgrad standen erfuhr ich eher Negatives. «Mit der Armee kannst du nicht handeln.» – «Korruption spielt in anderen Ländern!» Irgendwann gab ich den Plan auf, mich vor dem nächsten Sappeur-WK zu drücken.

Der WK in Kilchberg wurde für mich zur absoluten Tortur, aber auch zur Legende. Ich litt jeden Tag neu mit neuen Übungen, Arbeitseinsätzen und Sappeuren brav und geduldig fürs Essen an. Während eines Marsches über zehn Kilometer beschloss ich, alles zu unternehmen, um diese Situation zu verändern. Während des Marsches kam es schliesslich zum entscheidenden Ereignis. Ich sah den Sinn überhaupt nicht, weshalb wir zehn Kilometer zu Fuss und erst noch mit geschultertem Sturmgewehr gehen mussten, wenn doch die Armee so wunderbare Transportmittel zur Verfügung hatte. Also schlich ich mich beim ersten Zwischenhalt auf die Ladefläche eines 2-DMs, der als Begleitfahrzeug mit Verpflegung unterwegs war. Beim nächsten Halt entdeckte mich aber der Feldweibel. «Ich fragte mich schon, wo du dich wohl verschlauft hattest», sagte der Feldweibel, «los ab zur Truppe!» Ich stieg von der Ladefläche des Lastwagens, tat, als würde ich mich wegbewegen, drehte mich aber nochmals um und schmiss das Sturmgewehr in hohem Bogen zurück auf die Ladefläche. Laut scheppernd landete die Waffe in der hintersten Ecke des Lastwagens. Dann ging ich zum Feldweibel, schaute ihm tief in die Augen und sagte: «Eines ist sicher: Im nächsten WK werde ich euch mit dem Helikopter des Divisionärs besuchen.» – Ich wusste zu jenem Zeitpunkt zwar überhaupt nicht, wie ich mir die Realisierung dieser Drohung vorstellte. Ich hab' das einfach mal so gesagt. Es sollte den Feldweibel einfach beeindrucken, etwas für ihn Unvorstellbares sein.

Nach dem WK machte ich mich sofort an mein Projekt «Umteilung». Ich verfasste einen Brief ans Militärdepartement und beschrieb darin ausführlich meine Situation. Ich sei als Journalist bei den Sappeuren völlig fehl am Platz und möchte künftig meine beruflichen Fähigkeiten in den Dienst der Schweizer Armee stellen. Mein Brief beeindruckte offenbar die Behörde. Nach etwa drei Wochen kam die Antwort per Post. Ein Brief aus dem Militärdepartment. Darin wurde Verständnis für meine Unzufriedenheit ausgedrückt. Dann wurden mir zwei konkrete Lösungen vorgeschrieben. Ich hatte die Wahl zwischen zwei Divisionen, in denen ich mich als Journalist «einbringen» konnte.

Ich wählte die Mechanisierte Division 4, kurz Mech Div 4, in Solothurn. Wegen der kurzen Anreise. Ich wusste zwar überhaupt nicht, wie meine künftige Dienstzeit in der Mech Div 4 aussehen sollte, war aber höchst erfreut über das Entgegenkommen der Armee und das entsprechende Angebot. Und ich war vor allem neugierig auf meine Zukunft in der Schweizer Armee. Das erste «Aufgebot» der Mech Div 4 kam in Form einer brieflichen Einladung. Der Divisionär persönlich lud mich zum «informativen Gespräch», wie er es nannte. Stattfinden sollte es im Büro der Mech Div 4 in Solothurn. Der Brief schloss mit dem Vermerk: «Erscheinen in zivil».

Gleichentags erhielt ich per Post mein Dienstbüchlein zurück, das ich ans Kreiskommando hatte einschicken müssen. Im Dienstbüchlein sah ich dann den neuen Eintrag und die offizielle Bestätigung für meine neue Einteilung. Fortan war ich demnach direkt der

Stabskompanie der Mech Div 4 in Solothurn unterstellt. Damit war ich dem Helikopter des Divisionärs immerhin schon sehr nahe. Meine diesbezügliche Drohung hatte ich zwar längst vergessen. Ich sah natürlich auch keine wirklich realistische Chance, ein solches Vorhaben realisieren zu können. Ein erneuter Auftritt bei der Sappeur-Kompanie schien mir auch nicht mehr zwingend nötig. Ich war diese Truppengattung erfolgreich losgeworden, das war das entscheidende Ereignis, und reichte mir längst als Genugtuung.

Spatz – der Klassiker   Rezept für 100 Personen

Zutaten:
20 kg Siedfleisch
2 kg Zwiebeln
2 kg Rüebli
2 kg Lauch
2 kg Sellerie
4 kg Kabis oder Kohl
Salz
Muskat
25 Lorbeerblätter
25 Nelken
50 l Wasser

Fleisch in mundgerechte Portionen schneiden.

Wasser aufkochen, Fleisch beigeben, aufkochen und abschäumen. Salzen und würzen. 40 Minuten kochen. Feingeschnittenes Gemüse beigeben, aufkochen und abschmecken.

Topf schließen, auf allerkleinstem Feuer, in schwach erwärmtem Backofen, notfalls im Federbett (oder natürlich in einer echten, «antiken» militärischen Kochkiste!) gut und gerne 4 Stunden ungeöffnet ziehen lassen.

Spezielle Dienstfahrzeuge

Das Gespräch mit dem Divisionär war kurz aber sehr informativ. Der Chef der Mech Div 4 erklärte mir, was er von mir erwartete. Ich sollte die Produktion der Truppenzeitung der Division übernehmen. «Das heisst für sie», erklärte mir der Divisionär, «dass sie mehrmals im Jahr Dienst tun, immer dann, wenn grössere Truppenkontingente unserer Division im WK sind.» Dann erhielt ich einen Schnellkurs über Truppengattungen und Zugehörigkeiten. In Erinnerung blieben mir aber nur zwei Details: Der Mech Div 4 zugehörig waren sowohl Panzer- als auch Fliegertruppen. Das klang für mich sehr interessant und spannend. «Sie bewegen sich bei ihren Reportagen mit ihrem Privatfahrzeug», erklärte der Divisionär, «sie werden pro gefahrenen Kilometer entschädigt.» Und dann kam überraschend der für meine Einsätze entscheidende Hinweis: «Unsere Truppen sind in der ganzen Schweiz verteilt. Wenn sie also mal an den Hinterrhein oder in den Jura müssen, können sie meinen Helikopter anfordern». Ich traute meinen Ohren nicht. War das nun doch noch die Chance, meine Drohung gegenüber den Sappeuren wahr zu machen?

Der Divisionär hatte den Helikopter grundsätzlich immer zur Verfügung. Er musste damit sogar eine gewisse Anzahl Flugstunden im Jahr unterwegs sein. «Ich fliege nicht gerne», sagte der Divisionär, «also können sie den Heli nutzen, wann immer es für ihre Arbeit Sinn macht». Dann fügte er aber sofort an: «Aber bitte die Flugstunden nicht überschreiten, sonst wird's für uns teuer!» Für kürzere Strecken oder Einsätze über mehrere Tage musste ich mein Auto nutzen. Verpflegung und Übernachtungen sollten «wenn möglich» bei der Truppe stattfinden. «Sollte es nicht möglich sein, wird ihnen die Hotel-Übernachtung und die Verpflegungen in Restaurants vergütet». Insgesamt sollten pro Jahr vier Truppenzeitungen produziert werden. Einzige Bedingung: Der Divisionär wollte alle Texte vor der Drucklegung lesen. «Und, das Vorwort in jeder Ausgabe bleibt mir vorbehalten!» Für den Inhalt der Zeitung, sie hiess «Divisions-Kurier», gab es ein klares Konzept, das ich aber noch durch den einen oder anderen Zusatz erweiterte. Zum Beispiel vereinbarte ich mit dem Divisionär, dass ich gute und interessante News nach Erscheinen der Divisionszeitung auch für den Blick aufbereiten und verwenden durfte. Der Divisionär schloss unser Meeting mit einem kräftigen Handschlag und dem Satz: «Ich erwarte interessante Reportagen über unsere Division und wünsche ihnen viel Erfolg.»

Das erste offizielle Aufgebot, das in meinem Briefkasten landete, verunsicherte mich zunächst. Aufgeboten zu einem dreitägigen Einsatz unter dem Stichwort «Truppenzeitung» hatte das mir völlig unbekannte Feldameekorps 2 (FAK 2). Ich drehte das Blatt immer wieder und las es von A bis Z durch. Ich konnte nirgends einen Hinweis auf die Mech Div 4 finden. Was war da passiert? Das musste ein Missverständnis sein. Kam hinzu, dass ich mich in einer Luftschutz-Anlage irgendwo im Aargau einzufinden hatte. Die einzige Übereinstimmung zum Gespräch mit dem Divisionär war der fett gedruckte Hinweis «Einsatz mit dem Privatfahrzeug».

Zu jener Zeit hatte ich gerade einen Jeep, den legendären CJ-7, aus den USA importiert. Der Jeep, Farbe braun métallisé, war als Modell «Renegade» perfekt ausgebaut: V-8-Motor mit zwölf Zylindern, fünf Liter Hubraum, Automatikgetriebe, Allrad-Antrieb und ausgestattet mit Stoffverdeck und Hardtop. Das Fahrzeug passte also perfekt zu den bevorstehenden Einsätzen. Ich gewöhnte mich schnell an die erstaunten Gesichter um mich herum, wenn ich mit meinem Jeep bei Truppenübungen anfuhr. Einige Offiziere liessen sich sogar zu kleinen Probefahrten mit meinem Jeep einladen.

Der Basler Rechtsanwalt und Konsul von Monaco, Fritz Schuhmacher, war nebenbei auch Kommandant der Panzerkompanien im westschweizerischen Payern. Er rief mich vor meinen angekündigten Einsätzen bei den «Pänzeler» immer an und liess sich versichern, dass ich mit meinem Jeep kommen werde und dass er dann mit mir zu den Truppenbesuchen an den Einsatzorten mitfahren durfte. Als «Dank» für die Holperfahrten auf der Panzerpiste – «Das ist zehnmal besser, als eine Achterbahnfahrt!» – lud er mich jeweils zu einem Nachtessen ein. Fritz Schuhmacher war immer sehr gesprächig und man erfuhr von ihm immer gute News. Seine Offenheit war schlussendlich auch einige Jahre später der eigentliche «Auslöser» dafür, dass ich aus der Armee ausgeschlossen wurde. – Siehe letztes Kapitel.

Zu meinem FAK2-Aufgebot war es gekommen, weil mein Freund und Kollege Walter Schäfer dort eingeteilt war. Er liess mich zum Dienst aufbieten, weil er sich durch mich und meinen Einsatz gute Stories erhoffte. Das FAK2 war eine Art übergeordnete Truppe, die Grossmanöver durchführte. Und während dieser Grossmanöver berichtete eine spezielle Gruppe von Journalisten aus Fernsehen, Radio und Zeitungen in einer speziell produzierten Zeitung. Auf der Sold-Liste des FAK2 fand man dann Namen wie Mäni Weber, Kurt Felix und die einiger Chefredaktoren der grössten Zeitungen der Schweiz. Die Manöver des FAK2 waren jeweils ein paar seltene Tage lang, an denen, sich im Zivilleben konkurrenzierende Journalisten, für das gleiche Medium gemeinsam am selben Strick zogen.

Die Einsätze im Rahmen des FAK2 hatten für mich nicht erste Priorität. Mich interessierten die Daten für die Wiederholungskurse der 22er, speziell der Sappeur-Kompanie 22. Jetzt, wo mir tatsächlich der Helikopter des Divisionärs zur Verfügung stand, plante ich die Umsetzung meiner Drohung. Der Zufall wollte, dass die 22er ihren nächsten WK im Mittelland verbrachten, ziemlich genau auf der geraden Linie zwischen Basel und dem WK-Ort einer Panzer-Kompanie der Mech Div 4. Das war meine grosse Chance. Ich wählte die Telefonnummer des Heli-Piloten, die mir der Divisionär gegeben hatte. «Ich hätte zwei Einsätze am gleichen Tag, wo ich den Heli brauchen könnte», teilte ich dem Piloten mit. Der Pilot wusste von meiner Berechtigung, den Heli zu ordern, Bescheid. Ich musste ihm keine lange Erklärung oder gar Rechtfertigung abgeben, sondern nur die Daten und Koordinaten der Einsatzorte übermitteln. Dann fragte mich der Pilot: «Und wo kann ich sie aufschnappen?» – «Ich bin in Basel...» – «Ja, das wird schwierig», sagte der Pilot, «in Basel lässt es sich schwer landen.» Ich sah meinen Plan schon scheitern. Ich schlug vor, dass er im Landhof-Stadion landen könnte. Nach einer kurzen Pause hatte aber der Pilot eine eigene Lösung gefunden: «Können sie nach Muttenz fahren? Ich könnte sie dort auf dem grossen Parkplatz neben dem Leichtathletik-Stadion aufnehmen». Natürlich bestätigte ich und wir vereinbarten eine genaue Zeit. Der Pilot bat mich darum, jeweils eine Uhrzeit erst ab 10:00 Uhr vorzusehen. Das erstaunte mich zwar, weil ich aus der bisherigen Dienstzeit frühere Tageszeiten gewohnt war, kümmerte mich aber nicht weiter um dieses Detail. Später dann, während des ersten Fluges, erfuhr ich, weshalb mich der Pilot nicht früher abholen wollte: Der Helikopter des Divisionärs war samt Pilot im Tessin stationiert. Es musste also immer die lange Anfahrtsstrecke berücksichtigt werden.

Mein grosser Tag war also gekommen. Ich sass, mit Helm und Kopfhörer ausgestattet, im Helikopter des Divisionärs. Ich hatte mir auf einer Karte den Einsatzort der 22er Sappeure eingezeichnet und dem Piloten gezeigt. Unterwegs bat ich den Piloten, bei der Ankunft zunächst mal den Ort, wo sich die Truppen befanden, mehrmals zu umkreisen. Ich wolle einige Fotos von der Situation oben machen. In Wirklichkeit aber wollte ich natürlich sicher sein, dass am Boden die Ankunft des «falschen Divisionärs» auch wirklich zur Kenntnis genommen wurde. Schon von weit her sah ich Lastwagen entlang eines Waldrandes. Auf einer Wiese waren unzählige Soldaten damit beschäftigt, Kisten und anderes Material zu deponieren. Schliesslich entdeckte ich, als wir näher kamen, auch den Jeep des Kommandanten. Der Kommandant stand nicht weit vom Jeep auf einer grossen Wiese. Ideal also für eine Heli-Landung. Beim Kommandanten stand eine kleine Gruppe von Unteroffizieren. Der Kommandant hielt offensichtlich eine Einsatzbesprechung ab.

Dann passierte das, was ich mir erhofft hatte, und das ich selber oft erlebte: Als der Helikopter entdeckt wurde, entstand unten am Boden grosse Hektik. Soldaten verschwanden im Unterholz eines nahen Waldstückes. Andere eilten zu einem Bauernhof in der Nähe und verschwanden im Gebäude. Kisten, die offen auf der Wiese standen, wurden eiligst geschlossen. Zwei Lastwagen-Fahrer versuchten verzweifelt, die Führerkabinen ihrer Fahrzeuge mit Tarnnetzen abzudecken. So war das immer, wenn der Divisionär erschien. Der Pilot, dem die Szenerie aus anderen Einsätzen natürlich ebenfalls bekannt war, zeigte nach unten und lachte: «Da, jetzt beginnt das grosse Verschlaufen...» Wir kreisten, wie vereinbart, dreimal um die grosse Wiese, dann setzte der Pilot zur Landung an. Er setzte den Helikopter perfekt in der Nähe des Jeeps ab. Der Kommandant kam sichtlich nervös auf uns zu. Neben ihm waren der Feldweibel und ein Korporal. Sie stellten sich etwa fünf Meter neben dem Helikopter in Achtung-Stellung auf, bereit, den Divisionär, den sie im Heli erwarteten, zu begrüssen. Ich öffnete die Türe des Helis, stieg hinaus und setzte zum Gruss an: «Geben sie ruhn, meine Herren, ich bin's nur!» Ich brach in schallendes Gelächter aus, als ich die Gesichter meiner ehemaligen «Peiniger» sah. Der Feldweibel fasste sich zuerst: «Aber wie, was, das gibt's ja nicht! Das ist der Kleiber!», rief er, «bist du befördert worden? Bist du jetzt Divisionär?!» Dann begrüsste ich den Kommandanten. Er zwinkerte mir zu. «Darf ich sie zu einem Kaffee einladen?», fragte er höflich. Ich winkte aber ab. «Danke, aber ich habe wenig Zeit, ich muss noch die Mech Div 4 besuchen. Ich wollte euch nur mal schnell, wie letztes Jahr versprochen, mein neues Dienstfahrzeug zeigen.» Ich verabschiedete mich von den 22ern, die immer noch relativ ratlos im Gras standen. «Ich hatte es euch doch angedroht», sagte ich, «und ich hoffe, dass ihr die Hosen so richtig voll habt! Und denkt immer daran: Der Feind kommt immer unerwartet.» Dann gab ich dem Piloten das Zeichen zum Start, bestieg den Heli und sagte laut zu mir selber: «Übung erfüllt!»

Während meiner Zeit als Blick-Reporter machte ich sehr oft auch Testberichte über neue Auto-Modelle. Das bedeutete, dass ich über das ganze Jahr verteilt immer die neuesten Autos zur Verfügung hatte. Wenn ein militärischer Einsatz bevorstand, suchte ich jeweils Fahrzeuge zum Test, die in die militärische Umgebung passten, oder in extremem Kontrast dazu standen. Einmal hatte ich einen Testwagen beim Importeur von amerikanischen Marken bestellt. Der Pressesprecher der Firma empfing mich freudestrahlend: «Ich habe extra für Dich einen Buick Station in Khaki-Lackierung gefunden, das passt doch zum Einsatz im Militär! – Ich freue mich schon auf die Fotos.» Ich nahm den Wagen in Empfang, wusste aber noch nicht, in welchem Zusammenhang ich ihn fotografieren wollte. Eigentlich hatte ich nur geplant, einige Bilder für die Militär-Zeitung am tags darauf stattfindenden Defilee der Mech Div 4 zu machen. Zu viele Gedanken machte ich mir aber noch nicht über den Testwagen, ich beschloss, das spontan zu entscheiden. Schliesslich hatte ich zwei, drei Wochen Zeit, mit dem Wagen eine militärische Szene zu arrangieren.

Am nächsten Tag fuhr ich frühzeitig in Richtung der Strasse in der Nähe von Egerkingen, wo das Defilee stattfinden sollte. Überall waren die Zufahrtstrassen bereits gesperrt. Mich haben die Wachtposten und Verkehrspolizisten aber immer freundlich durchgewunken, da ich ja meine Uniform trug und das Auto, zumindest von der Farbe her, als Militärfahrzeug wahrgenommen wurde. Manchmal wurde sogar extra eine Absperrung geöffnet, damit ich mit meinem langen Buick passieren konnte. Da wurde mir erst richtig bewusst, dass der freundliche Empfang natürlich in erster Linie auf die Farbe meines Autos zurückzuführen war. Ein Uniformierter in einem khakifarbenen Auto musste offiziellen Charakter haben. Schliesslich wiesen mich die militärischen Verkehrsregler, ohne, dass ich das verlangt hatte, weiter auf eine frisch gemähten Wiese. Etwa hundert Meter weiter befanden sich die Gästetribühnen, die eigens für's Defilee entlang der Strasse aufgebaut wurden. Ich hielt, wie mir mit Handzeichen angezeigt wurde, auf der Wiese an. Andere Autos standen da keine. Ich wollte eben aussteigen, da kam ein Militärpolizist, bat mich, das Seitenfenster zu öffnen. Er teilte mir in freundlichem Ton mit: «Bleiben sie bitte genauso hier stehen. Und lassen sie den Motor laufen, denn da gleich nebenan wird jeden Augenblick der Helikopter landen!» Ich verstand zwar nicht, was das zu bedeuten hatte, aber meine Gedanken drehten sich sowieso in jenem Moment nur um die Frage, wo ich wohl am besten die Fotos vom Testwagen machen könnte. Der angekündigte Helikopter schien mir dafür eine gute Gelegenheit, respektive ein geeignetes Objekt zu sein. Viel Zeit blieb mir aber nicht mehr zum Überlegen. Mit grossem Getöse setzte tatsächlich direkt neben mir ein Armee-Helikopter zur Landung an. Hektik kam auf. Offiziere und Soldaten rannten durcheinander. Dann öffnete plötzlich der Militärpolizist die hintere rechte Türe an meinem «Buick» und ich hörte ihn sagen: «Bitte, Herr Bundesrat…» Ich traute meinen Augen nicht: Bundesrat und Verteidigungsminister Georges-André Chevallaz bestieg tatsächlich mein Auto. Vorne auf dem Beifahrersitz nahm ein Offizier Platz. «Fahren sie bitte los, im Schritttempo, immer der Strasse entlang bis vor die Ehrentribühne», sagte der Beifahrer, «ich sage dann, wann genau sie anhalten müssen.» Ich sollte auch da den Motor laufen lassen. «Sie werden dann vom Defilee-Platz zu einer Ausfahrt begleitet.»

Ich tat, wie mir geheissen. Langsam setzte ich den Buick in Bewegung. Mit einem Blick in den Rückspiegel versicherte ich mir, dass da tatsächlich der Bundesrat sass. Er war vertieft in die kleine Broschüre zum Defilee. Wahrscheinlich studierte er noch schnell den Programmablauf. Vor der Ehrentribüne wartete eine ganze Meute an Fotografen. Auf Befehl des Beifahrers hielt ich den Buick an, der Offizier stieg aus und öffnete dem Bundesrat die Türe. Dieser stieg ebenfalls aus, blieb kurz neben dem Auto stehen und winkte den Fotografen freundlich zu. Dann bewegte sich der Tross in Richtung der Tribühne. Darauf wurde ich mit meinem Auto von zwei Polizisten auf Motorrädern begleitet aus der Szenerie geführt. Ich wähnte mich in einem Traum. Für einige Sekunden fühlte ich mich wie ein Staatsmann. «Autos machen Leute», dachte ich. Das war die Verwechslung des Jahres. Sofort war mir klar, dass ich mir keine Gedanken mehr darüber machen musste, wie ich das Testfahrzeug fotografieren und in die Zeitung bringen sollte. Am Tag darauf war der Buick, zusammen mit dem Bundesrat, in allen Zeitungen abgebildet.

Da ich beim Blick regelmässig auch Autotests durchführte, hatte ich in meinem Auto immer eine grosse Magnettafel mit dem Blick-Logo und dem Hinweis «Autotest» dabei. Dieses Schild platzierte ich jeweils für die Fotos an der Türe des Testwagens. Und dieses Magnetschild lag natürlich auch bei meinen militärischen Einsätzen in meinem Jeep. In jener Zeit wurde in der Schweiz gerade über den mehr oder weniger schlechten Zustand des «Panzer 68» debattiert und diskutiert. Der Zufall wollte es, dass ich auf meiner Fahrt zu einem Einsatzort einem dieser legendären «Panzer 68» begegnete. Das riesige Gefährt stand ausserhalb eines Dorfes am Strassenrand. Schon von weitem sah ich, dass die dazugehörige Mannschaft auf der Kabine des Panzers sass und die Sonne genoss. Ich hielt meinen Jeep an und fragte die Soldaten: «Habt ihr ein Problem?» Der Korporal unter ihnen erhob sich, zog die Schultern hoch und sagte: «Das allseits bekannte Problem, ja. Er bleibt stehen und lässt sich nicht mehr bewegen». Da ich in der Panzererkennung nicht absolut sicher war, fragte ich vorsichtig: «Das ist aber nicht etwa zufällig ein 68er?» Der Korporal lachte laut und witzelte. «Natürlich, sieht man doch: Wenn er nicht fährt, ist's ein 68er…». Ich stieg aus meinem Jeep aus, nahm meinen Fotoapparat und das «Testfahrt»-Schild zur Hand und ging auf den Panzer zu. Dort heftete ich das Schild an den Panzer und machte einige Fotos. Die Mannschaft des Panzers bat ich, dass sie bitte ernste, enttäuschte Mienen aufzusetzen.

Ich hatte meine kleine Story, die ich als «Füller» – ein Bild und drei Zeilen – in der nächsten Ausgabe des «Divisions-Kurier» veröffentlichte. Diese kleine Geschichte kam aber nur bei den Truppenmitgliedern gut an. Der Divisionär, er hatte das Bild bei der Kontrolle der Zeitung für das «Gut zum Druck» irgendwie übersehen, zeigte sich nicht so glücklich über meinen kleinen Spass. Als wir uns später bei einer Nachtübung begegneten, begrüsste mich der Divisionär zwar wie gewohnt mit den Worten: «Ah, der Divisions-Blick!» Dann aber verfinsterte sich seine Mine und er bat mich unmissverständlich darum, solche Veröffentlichungen künftig zu unterlassen. «Wissen sie, das Image der Pänzeler ist schon angeschlagen genug, das müssen wir nicht auch noch von innen demontieren lassen».

Die eigene Uniform-Kreation

Bei meinen Einsätzen als Militärreporter fuhr ich zwar im eigenen Auto, musste aber, um richtig erkannt und auch akzeptiert zu werden, immer mindestens die sogenannte Ausgangsuniform tragen. In gewissen, speziellen, aber sehr wenigen Situationen war es auch angebracht, sich im Kampfanzug zu bewegen. Nun war das Ausgangs-Tenue aber alles andere als bequem. Die Hose, im feinen Stoff, waren wenigstens noch angenehm in Sachen Tragekomfort. Das Tragen von Hemd und Krawatte war ich aus dem zivilen Alltag gewohnt. Aber die Uniform-Jacke war steif und absolut unbequem, vor allem beim Fahren im Auto. Und sie gab viel zu warm. Die Armee hatte im modischen Bereich aber nicht viele Alternativen anzubieten, das heisst, eigentlich gab's diesbezüglich gar nichts. Bei einer zufälligen Begegnung im Feld mit dem Divisionär, fiel mir auf, dass seine Uniform-Jacke aus feinerem Stoff genäht war. Ich sprach ihn deshalb auf das Problem mit der Kleidungen an. «Könnte ich nicht auch eine Jacke in dieser Qualität beziehen?», fragte ich den Divisionär, «das wäre um einiges bequemer.» Ich fügte noch an, dass ich die Goldenen Sterne am Kragen und auf den Batten natürlich nicht brauche. Es nützte aber nichts, der Divisionär lehnte ab. «Eine solche Frage ist mir bis jetzt noch nie begegnet», sagte er lachend.

Ich bewegte mich also weiterhin im normalen Ausgangs-Tenue, oder, sehr ungern, im Kampfanzug, den ich mir extra im Zeughaus Basel anpassen liess. Dies waren also meine militärischen Arbeitskleider. Bis zu meinem Reportage-Einsatz in Dübendorf. Ich hatte einen Termin bei den Fliegertruppen vereinbart, die irgendwie teilweise auch der Mech Div 4 zugeordnet waren. Die Fliegerei interessierte mich natürlich in erster Linie privat. Schon bei der Begrüssung durch den Kommandanten merkte ich einen eklatanten Unterschied zu anderen, militärischen Abteilungen. Irgendwie kam mir alles viel legerer vor, auch die Art der Kommunikation unter den Piloten und Mechanikern. Die ganze Atmosphäre erschien mir viel ziviler, kollegialer, fast freundschaftlich. Der Kommandant begrüsste mich per Handschlag, was mich schon mal sehr verblüffte. Ich war ja die militärische Variante der Begrüssung von Vorgesetzten oder Übergeordneten Personen. Dann ging der Fliegerkommandant einen Schritt zurück und musterte mit kritischem Blick mein Outfit. «Sichtlich unbequem, diese Uniform», sagte der Kommandant, «und mit diesen Halbschuhen kommst du hier bei uns nicht weit, total unpraktisch.» Er führte mich direkt in die sogenannte Kleiderkammer. Dort liess er mir durch den Materialverwalter schwarze Fliegerstiefel und eine lederne Fliegerjacke anpassen. «Und dazu passt unser schwarzes Béret ausgezeichnet», der Kommandant schien glücklich über seine Idee, lud mich in die Kantine ein und sagte: «Jetzt bist du fast einer von uns, jetzt stelle ich dir unsere Mannschaft vor».

Ich verbrachte einen ganzen Tag bei den «Fliegern». Ich lernte eine völlig neue Seite, respektive Abteilung der Schweizer Armee kennen. Da herrschte absolute Kameradschaft, die Piloten und das Bodenpersonal, die Mechaniker, schienen eng miteinander befreundet. Und es gab keine Hektik auf dem Flugplatz. Nicht einmal, als zwei Maschinen für kurze Zeit überfällig waren. Die Jets waren nach dem Start zu einem Flug über die Westschweiz nicht zum geplanten Zeitpunkt zurückgekehrt. Die Kollegen sassen vor dem Hangar an einem Tisch bei Kaffee und Sandwiches. «Die sollten doch längst zurück sein», sagte einer der Mechaniker. Ein Pilot hob die Schultern an und meinte: «Die sind wohl schnell ins Wallis abgebogen und nehmen dort einen Kaffee». Man versuchte nicht einmal, die «Vermissten» per Funk zu erreichen. «Die melden sich schon», beschwichtigte ein anderer Pilot, «sie werden wohl noch auftanken müssen, wenn sie so weit geflogen sind». Eine ganze Stunde über die Zeit kehrten die beiden Maschinen zurück. Und bei der Ankunft der beiden Piloten, wurden unverzüglich technische Fragen besprochen. Die Verzögerung war absolut kein Thema.

Im Verlaufe des Tages wurde viel gelacht. Die Piloten erzählten mir einige Anekdoten aus dem Flieger-Alltag. Sie redeten offen auch über heikle Situationen und machten ihre Witze dazu. Dann wandte sich einer der Piloten an mich und schlug vor: «Wir verpassen dir einen

Overall und dann kommst du mit auf einen kleinen Rundflug. Das Wetter ist ideal, jetzt ist's am schönsten über den Alpen». Zunächst fühlte ich mich durch den Vorschlag geehrt. Dann fielen mir einige der Anekdoten wieder ein, die ich von den Piloten gehört hatte. Und plötzlich war mir klar, was so ein Pilot mit einem Jet, wie dem «Tiger» so alles veranstalten konnte. Ich hatte deutlich gehört, wie die Piloten jeweils mit Gästen umgingen, wenn sie ihnen die Grenzen ihrer eigenen Verträglichkeit vorführen wollten. Für mich war schlagartig klar, dass ich mir die Erinnerung an diesen schönen Tag nicht durch negative körperliche Erfahrungen verderben wollte. Das zeitweilige verschmitzte Grinsen des Piloten bestätigte meine Befürchtungen. «Danke, aber ich bleibe lieber am Boden», sagte ich. Der Pilot und zwei seiner Kollegen insistierten zwar noch und versuchten, mich umzustimmen, aber ich blieb hart. Andererseits dachte ich, dass ich diese Chance vielleicht wahrnehmen wollte. Das war eine extrem seltene Gelegenheit. Der Flug in einem Militär-Jet, einem der berühmten «Tiger», war ja einer extrem kleinen Gruppe von Menschen vorbehalten. Vielleicht sollte ich doch zusagen, überleben würde ich die Sache ja bestimmt. Die Blicke, die sich die Piloten zuwarfen, während sie mir versicherten «wir fliegen nur geradeaus», bestätigten aber schliesslich meinen spontanen Entschluss. Ich sagte definitiv ab. Dafür setzte ich mich zum Abschluss des Tages ganz alleine ins Cockpit einer der Maschinen, die fest am Boden standen und liess mich von einem der Techniker fotografieren.

Beim Verabschieden fragte ich vorsichtig, ob ich die Fliegerstiefel und die Lederjacke wohl behalten dürfe. «Klar, die gehören jetzt dir», sagte der Kommandant, «ist doch echt viel bequemer – und du hast überall Taschen, kannst Kugelschreiber und Notizblock gut verstauen». Ich bestieg an jenem Tag sehr stolz meinen Jeep und fuhr los Richtung Basel. Und ab diesem Tag hatte ich meine eigene, aber absolut bequeme und praktische Uniform. Bei meinen Auftritten bei Kompanien wurde ich ab und zu mal scherzhaft gefragt, welcher Armee ich zugehörig sei. Beanstandet hat mein Tenue aber in der ganzen Zeit niemand. Manchen misstrauischen Offizieren, denen mein Auftritt mit dem Jeep und mein Outfit seltsam oder befremdend vorkamen, gab ich einfach die Erklärung ab: «Ich bin eigentlich Pilot, und ich gehöre ursprünglich den Fliegertruppen an».

Nach diesem Hinweis gab es meistens keine Fragen mehr. Mir wurde danach eher noch etwas mehr Respekt entgegengebracht. Piloten genossen, auch im Militär, einen besonderen Status...

Nicht bei allen Begegnungen fiel die Akzeptanz meiner speziellen Bekleidung aber gleichermassen aus. Lange Zeit nach meinem Besuch bei den Fliegertruppen vernahm ich, dass der Divisionär der Mech Div 4 in Pension gehen werde, und dass sein Nachfolger bereits bestimmt worden sei. Ich beschloss, den neuen «Chef» in der nächsten Ausgabe des Divisions-Kuriers vorzustellen. Deshalb vereinbarte ich vorschriftsgemäss über das Divisionsbüro einen Termin für ein Interview mit dem «Neuen». Dieser weilte zu jener Zeit gerade irgendwo in der Schweiz im Militärdienst, was für mich bedeutete, dass ich mich am Tag des Interview-Termins in die Uniform stürzte und in meinem Jeep losfuhr. Auf der Fahrt zum vereinbarten Treffpunkt stiegen dann doch plötzlich einige Bedenken betreffend meiner Bekleidung in mir auf. Für die Begegnung mit dem neuen Divisionär hätte ich vielleicht doch besser die traditionelle Ausgangs-Uniform anziehen sollen. Ich wusste damals nicht, aus welchem Grund ich mir genau zu jenem Zeitpunkt diese Gedanken machte. Zum Umkehren war es aber in diesem Augenblick längst zu spät. Und zivile Kleidung als Alternative hatte ich diesmal nicht dabei. Also musste ich die Sache durchziehen und diese Bedenken verdrängen. Dann fragte ich mich aber wieder, weshalb ich mir überhaupt darüber Gedanken machte. Das hatte doch bisher immer gut funktioniert. Meine spezielle Uniformierung wurde überall, bei allen Truppen, anstandslos akzeptiert. Die Kleidung war nie ein Thema, schon gar nicht Anlass zu Diskussionen.

Der neue Divisionär empfing mich in einem kleinen Büro über einem Restaurant. Er trug natürlich Uniform, und mir fiel sofort auf, dass er bereits die Zeichen des Divisionärs auf den Schultern und am Kragen trug. Ich grüsste mit dem üblichen Handzeichen und stellte mich vor: «Reporter Kleiber vom Divisions-Kurier.» Der Uniformierte vor mir schaute mich von oben bis unten mit ernstem Gesichtsausdruck an. Er bat mich, mich hinzusetzen. Dann zeigte er mit dem Zeigefinger auf mich. Ich griff verunsichert an meinen Krawattenknopf, um zu kontrollieren, ob er richtig sitzt. «Was ist denn das für eine

Uniform?!» eröffnete der «Neue» unser Gespräch. Er schien sehr gereizt. Ich ging einen Schritt auf den Mann zu, streckte ihm die rechte Hand zum Gruss hin und sagte: «Eine Flieger-Uniform. Offiziell von den Flieger-Truppen.» Der Divisionär salutierte militärisch. Ich zog meine Hand zurück. Der Divisionär schüttelte ungläubig den Kopf: «Hab' ich noch nie gesehen in unserer Division.» Ich versuchte ihm zu helfen und ergänzte: «Doch, doch, Herr Divisionär, die Flieger-Truppen gehören irgendwie auch zur Mechanisierten Division 4. – Wussten sie das nicht?» Mein letzter Satz war zu viel, der berühmte Tropfen, der das Fass zum Überlaufen brachte. «Danke für die Belehrung, aber deswegen sind sie ja nicht hier!» Das Interview war schnell erledigt, die Antworten des neuen Divisionsführers fielen absolut knapp und sachlich aus. Ich machte noch ein Portrait von ihm und bedankte mich höflich – und mit militärischem Gruss. «Und vergessen sie nicht», sagte der Divisionär mit ernstem Blick, «diese Uniform will ich an ihnen nie mehr sehen!»

Da in meinem Job-Beschrieb – militärisch korrekt heisst das wohl Pflichtenheft –, den ich beim ersten Gespräch im Divisionsbüro erhalten und unterschrieben hatte, die Art der Kleidung bei meinen Reportage-Einsätzen überhaupt nicht erwähnt war, beschloss ich, künftig «in zivil» auf Reportage zu gehen. Die Fliegerstiefel – sie waren in jedem Terrain und bei jedem Wetter sehr praktisch und bequem – behielt ich aber an. Dazu trug ich Bluejeans, Hemd und Krawatte. Und, je nach Wetterlage, zog ich natürlich die Lederjacke der Piloten an – ohne jegliche militärische Abzeichen. Und weil ich ohnehin mit meinem privaten Jeep unterwegs war, konnte mir keine Militärperson mehr etwas vorschreiben oder befehlen.

Damit ich aber trotz zivilem Auftritt überall den nötigen Zugang hatte, fertigte ich mir selber einen militärischen Presse-Ausweis an. Das kleine Dokument, das zu jenem Zeitpunkt wohl in der Schweizer Armee einmalig war, hatte eine fast magische Wirkung. Die Reaktionen der Offiziere, denen ich begegnete, waren noch besser, als die auf meine Piloten-Jacke. Und da Niemand zuvor einen solchen Ausweis der Armee gesehen hatte, wurde er überall anstandslos akzeptiert. Ich wurde nicht mehr als ebenbürtige, oder untergebene Militärperson, als Soldat, betrachtet, sondern fortan – und nach vorweisen meines Ausweises – immer als Gast. Und ich wurde durchwegs überaus sehr freundlich empfangen. Den Satz «Kleider machen Leute» fand ich schon immer bestätigt. Jetzt war mir aber klar: Ausweise verschaffen Respekt...

Flugstundenüberschreitung

Der Helikopter des Divisionärs war für mich das effektivste Verkehrsmittel. Mit dem Helikopter konnte ich viel Zeit sparen. Es war möglich, am gleichen Tag Reportagen im Bündnerland und im Jura zu planen. Mit dem Auto hätte ich diese Strecken – mit Start in Basel – nie an einem Tag bewältigen können. Also nutzte ich diesen praktischen Flugapparat so oft es ging. Ich genoss natürlich jedes Mal auch die Hektik, die wir am Boden unter den Truppen auslösten, wenn wir mit dem Helikopter anflogen. Der Helikopter galt für alle Militärpersonen im Wiederholungskurs grundsätzlich mal als Synonym für «Divisionär». Wenn ein Militär-Helikopter im Anflug war, wurde unten am Boden blitzartig, fast panisch, Ordnung erstellt. Die Kompaniekommandanten und Unteroffiziere wollten natürlich für den meist zur Kontrolle auftauchenden «Gast» den bestmöglichen Eindruck erwecken. Da mussten die Fahrzeuge perfekt getarnt sein, es durfte kein Material herumliegen. Rauchpausen wurde blitzartig abgebrochen, und die Soldaten mussten ihre Uniform richten. Wer es rechtzeitig schaffte, verschlaufte sich irgendwo.

Wenn ich dann jeweils dem Helikopter entstieg und mich als Reporter anmeldete, ging das grosse Aufatmen durch die Truppe. Ich traf deshalb in der Regel nur entspannte Gesichter, glückliche Offiziere und zufriedene Soldaten. Meine Hinweise, wie «warum diese Hektik, der Divisionär ist doch ein sehr sympathischer Mann – und er kommt praktisch nie mit dem Heli!», hatten aber keinerlei Wirkung. «Wir können uns leider nicht darauf verlassen, dass jedesmal wirklich sie dem Heli entsteigen», erklärte mir einmal ein Offizier, «wir müssen immer damit rechnen, dass uns der Divisionär einen Besuch abstattet.»

Mit der Zeit gewöhnte ich mir an, mich jeweils für meinen Auftritt mit dem Helikopter zu entschuldigen. Aber ich wollte natürlich bei meinen Einsätzen nicht auf dieses praktische Fortbewegungsmittel verzichten. Mit der Zeit kannte mich der Heli-Pilot. Er erkannte sogar mein Auto. Wenn ich ihn nicht für einen Einsatz bestellt hatte, landete er in der Nähe und fragte, ob er mich irgendwo hinfliegen soll. Mit dem Helikopter mussten regelmässig gewisse Flugstunden absolviert werden. Dies in erster Linie aus technischen und administrativen Gründen. Nicht nur der Divisionär, sondern auch der Pilot hatte seine Pflichtstunden zu erledigen. Wenn diese mit bestimmten Aufträgen verbunden werden konnten, waren die entsprechenden Rapporte und Abrechnungen für den Piloten einfacher.

Für mich, als Reporter, waren diese Helikopter-Einsätze sehr interessant. Vor allem kam ich so zu ungewohnten Luftaufnahmen von Truppenstellungen und Truppenbewegungen. So kam ich fast automatisch zu ungewohnten, interessanten Illustrationen für meine Artikel. Ich nutzte die Flüge natürlich auch, um allgemein die Landschaft unter dem Helikopter zu fotografieren. «Mein Pilot» war ein absoluter Profi. Er beherrschte das Fluggerät mit seiner rechten Hand am Steuerknüppel und dirigierte den Heli fast Millimeter genau über Landschaften und Objekte exakt nach meinen Wünschen. Eine komfortable Situation, die ich am liebsten täglich genutzt hätte. Es machte aber, das leuchtete auch mir ein, wenig Sinn, den Helikopter aus dem Tessin in die Region Basel zu ordern, um mich dann damit über den Belchen ins Seeland fliegen zu lassen. Die Helikopter-Einsätze mussten schon irgendwie Sinn machen und sollten einigermassen gerechtfertigt sein. Entweder durch die zurückzulegende Strecke, oder durch den Zeitplan für die Einsätze. Das hiess für mich, dass ich relativ viel Zeit in die Einsatzplanung investierte.

Zugegeben, es kam schon auch mal vor, dass ich den Helikopter für rein private Belange bestellte. Es hatte ja bisher nie jemand von Seiten der Armee oder der Mech Div 4 nachgefragt, wozu genau ich den Helikopter benutzt hatte. Die Nutzung dieses genialen Flugapparates war ja quasi eine «private» Abmachung zwischen dem Divisionär und mir. Und der Pilot notierte in seinem Logbuch jeweils brav Startzeit und Ort sowie das Ziel. Er musste jeden Flug jeweils auch an die Fluglotsen am EuroAirport Basel-Mulhouse, in Zürich-Airport oder

Belp, Lugano und Sion melden. Auch an diesen Stellen interessierte man sich nur für die Art des Fluges, das heisst, der Pilot liess sich über die Immatrikulationsnummer eindeutig als Militärmaschine identifizieren. Er meldete jeweils eher freiwillig die Flüge als «Taxiflug» an. Der Pilot hatte mir mal erklärt, dass er mit dem Armee-Helikopter grundsätzliche Freiheiten geniesse. So durfte er zum Beispiel sehr tief über dem Boden fliegen, tiefer, als zivile Flugzeuge und zum Teil auch unter dem Radarbereich. Während die Rettungsflugwacht mit den Helis wenn immer möglich den Flussläufen zu folgen hatten, waren wir, als Armee-Angehörige, in der Wahl der Flugroute völlig frei. Diese Informationen habe ich mir natürlich gemerkt.

Einmal hat mich der Helipilot entlarvt. Ich wollte das Wohnhaus und den Garten vom damaligen Bundesrat Willi Ritschard fotografieren, zugegeben, nicht für den Divisions-Kurier. Ich bestellte also den Helikopter. Der Heli griff mich in Liestal auf und dann wies ich den Piloten an, über den Bölchen Richtung Solothurn zu fliegen. «Ich gebe ihnen den genauen Ort an, sobald ich von oben die Übersicht habe», erklärte ich ihm. Der Pilot folgte von Egerkingen aus dem Verlauf der Autobahn. Ich wusste, dass Bundesrat Ritschard ausserhalb des Ortes Bettlach wohnte. Als wir das Waldstück am Autobahn-Abzweiger Richtung Solothurn überflogen, bat ich den Piloten langsamer zu fliegen. Ich bat ihn auch, so tief wie möglich zu gehen. Der Pilot ging natürlich davon aus, dass ich irgendwelche Truppenstellungen suchte und diese, wie einst beim ersten Flug, als vermeintlicher Divisionär überraschen wollte. Mich interessierten aber an jenem Tag die WK-Truppen überhaupt nicht.

Ich hatte mich im Heli mittels Gurt gesichert und die Türe neben mir geöffnet. In der rechten Hand hielt ich meine Nikon, in der linken Hand hielt ich eine Fotografie, die Blick-Reporter Walter Bösiger einst vom Haus des Bundesrats gemacht hatte. Das Bild zeigte das Haus von der Strasse aus, also musste ich sehr genau aufpassen, dass ich das richtige Grundstück identifizierte. Der Helikopter flog langsam über die ersten Häuser eines Aussenquartiers. Mit dem Piloten konnte ich mich über ein Headset unterhalten. Plötzlich erkannte ich das gesuchte Haus. Ich bat den Piloten, rechtsherum über dem Grundstück zu kreisen. Ich fotografierte das Objekt von allen Seiten. Dann bedankte ich mich beim Piloten und sagte: «Ok, wir können zurückfliegen».

Der Pilot zog den Steuerknüppel langsam zurück und der Helikopter stieg fast senkrecht in die Höhe. Ich machte nochmals ein paar Bilder des Quartiers um Ritschards Haus, dann schloss ich die Seitentüre und lehnte mich im Sitz zurück. Der Pilot steuerte wieder den Hauenstein an. Plötzlich sagte er: «Ich hab' da eben nicht sehr viele Soldaten gesehen am Boden.» Er drehte den Kopf zu mir, zwinkerte mit dem rechten Auge und lächelte verschmitzt. Ich fühlte mich ertappt, wusste zunächst nicht, was ich dazu entgegnen sollte. Dann fasste ich mich, lächelte den Piloten ebenfalls an und sagte: «Gut erkannt! Ich brauchte für die Militärzeitung ein Bild vom Haus Willy Ritschards.» Der Pilot nahm meine Erklärung zur Kenntnis, und wir redeten nie mehr darüber…

Bei meinen Einsätzen kam es schon mal zu skurrilen Situationen. Dann nämlich, wenn ich mit dem Divisions-Helikopter an einem Einsatzort erschien, und der Divisionär fuhr mit seinem «Iltis» an. «Tolles Gefährt haben sie da!», begrüsste mich einmal der Divisionär mit einem Augenzwinkern. Neidisch schien er aber nicht zu sein, denn er fügte sofort an: «Aber ich bevorzuge meinen Iltis!» Solche Begegnungen bestärkten mich natürlich darin, den Helikopter so oft wie möglich und ohne irgendwelche Skrupel zu benutzen. Dass jede Flugminute mit dem Heli auf der anderen Seite, auf jener der Armee, immer ein paar tausend Franken an Kosten auslöste, war mir zwar bewusst, aber eigentlich völlig egal. Ich hatte die grundsätzliche und offizielle Bewilligung für die Nutzung des Fluggerätes, also musste ich mir über die Kosten keine Gedanken machen. Ich konzentrierte mich auf die nötigen Einsätze, im Sinne von guten Fotografien und interessanten Reportagen. Natürlich habe ich den Helikopter nicht benutzt, wenn ich den Einsatzort bequem und schnell mit meinem Auto erreichen konnte. Viele meiner Einsätze spielten sich ohnehin im Mittelland ab. Aber die Flüge mit dem Helikopter genoss ich.

Das änderte sich schlagartig, als mich eines Tages der Divisionär anrief. «Wie geht's, werden wir eine gute Ausgabe des Divisions-

Kuriers haben?», fragte er mich einleitend. Er hatte zuvor noch nie angerufen und sich nach dem Stand der Dinge, schon gar nicht nach dem Inhalt des Divisions-Kuriers erkundigt. Ich war etwas erstaunt, berichtete aber in ein paar militärisch kurzen Sätzen brav darüber, was ich an Reportagen und Themen geplant hatte. Die telefonische Anfrage des Divisionärs musste einen anderen Grund haben, ich kam einfach nicht drauf, was. Der Divisionär spürte offenbar meine Verunsicherung. «Schon gut, das machen sie schon recht», unterbrach mich er mich. «Ich habe ein kleines Problem, das sie für mich lösen könnten», erklärte er mir dann in sachlichem Ton. Wie sollte ich dem Divisionär bei einem seiner Probleme dienlich sein können? Mir wurde mulmig und ich war noch mehr verunsichert. – Die Erklärung folgte aber prompt und war für mich überraschend: «Ich habe Meldung vom Stab bekommen, dass ich zu viele Helikopter-Stunden verbraucht hätte», sagte der Divisionär, «wenn ich sie also bitten dürfte, in diesem Jahr meinen Heli nicht mehr, oder nur noch in absoluten und nachweislichen Notsituationen, zu benützen. Ich wäre ihnen sehr dankbar dafür!»

Der Wunsch des Divisionärs, wie hätte es auch anders sein können, war mir natürlich «Befehl». Eigentlich hätte er mir den Heli-Verzicht ja einfach befehlen können. Schliesslich war er in der militärischen Hierarchie einige Stufen über mir. Da ihm aber bewusst war, dass er mir den Heli einst uneingeschränkt zur Verfügung gestellt hatte, plagten ihn einige Skrupel. «Es tut mir leid, aber ich habe wirklich nur eine gewisse Anzahl Flugstunden pro Jahr zur Verfügung», erklärte er mir, «und diese Zahl haben sie bereits im Juni überschritten.» Ich bestätigte dem Divisionär, dass ich künftig meine Einsätze per Auto erledige und beruhigte ihn mit dem Hinweis: «Verstanden und versprochen!». Der Divisionär atmete auf, entschuldigte sich nochmals für die Sache und verabschiedete sich mit den Worten: «Machen sie weiter so, wir sehen uns!»

Meine Einsätze für die Reportagen wurden durch die etwas längeren Anfahrtszeiten natürlich ebenfalls länger. In vielen Fällen musste ich zwei oder gar drei Tage dafür einsetzen und irgendwo übernachten. Die Tatsache, dass meine Verpflegung und meine Übernachtungen in Gaststätten ebenfalls von der Mech Div 4 übernommen wurden, machten meine Einsätze nicht unangenehmer. Bestimmt aber waren diese Spesen weitaus niedriger, als die Kosten für die Helikopterflüge. Ein weiterer Vorteil war, dass sich durch die längeren Einsätze mehr Diensttage in meinem Dienstbüchlein ansammelten. Denn das war Armeeangehörigen damals hinlänglich bekannt: «Die Anfahrt zum Einsatzort gilt als Dienstzeit.»

Entlassung per Kündigungs-Schreiben

In meinem «Pflichten-Heft» zur Arbeit als Militär-Reporter stand ein für mich sehr wichtiger Satz. «Nach Erscheinen eines Artikels in der Militärzeitung dürfen vom Autor die entsprechenden Informationen auch für Artikel der zivilen Zeitungen verwendet werden.» Das war für mich als Blick-Reporter natürlich vorteilhaft, und ich nutzte diese Gelegenheit öfters für kleine Meldungen. Entsprechende Meldungen terminierte ich dann jeweils so, dass ich die Information am Tag vor dem Erscheinen des Divisions-Kuriers an die Blick-Redaktion weiterleitete. So erschienen die Artikel in beiden Zeitungen gleichzeitig. Dagegen hatte nie Jemand etwas auszusetzen.

Eines Tages fuhr ich mit meinem Jeep nach Payern, um dort Reportagen über den Militärflugplatz sowie über den dort angesiedelten, riesigen Panzer-Übungsplatz zu erstellen. Für das Panzer-Gelände war damals der Basler Rechtsanwalt Fritz M. Schumacher, der auch Honorarkonsul von Monaco war. Wir kannten uns gut und mit ihm hatte ich einen Termin für die Besichtigung der Anlage vereinbart. Als Schumacher mich mit meinem Jeep vorfahren sah, strahlte er und schlug sofort vor: «Wir fahren mit Deinem Jeep ins Gelände, ich bin noch mit einem solchen Auto mitgefahren.» Mein Jeep war natürlich hervorragend ausgerüstet, für die Panzerpiste mit den tiefen Spuren und Löchern. Auf jeden Fall hat die kleine Rundfahrt und die Verfolgungsjagd eines Centurion-Panzers Fritz Schumacher grossen Spass gemacht.

Später, beim Gespräch während des Mittagessens, erklärte mir Schumacher alle Details über die bevorstehende Einführung des neuen Panzers, dem deutschen «Leopard». Die «Leopard»-Premiere war auch der Anlass für meine Reportage. Ich wollte die Angehörigen der Mech Div 4 über die im folgenden Jahr bevorstehende

Ausbildung und den Einsatz mit diesem neuen Gefährt im detailliert informieren. Schumacher war sehr gesprächig, wie immer. Er holte schliesslich noch einen Offizier dazu, den er mir als Ausbildungsleiter vorstellte. Dieser Offizier fragte Schumacher einmal ganz nebenbei, ob er die «zusätzliche Woche» erwähnt habe. Fritz Schumacher hob den rechten Zeigefinger. «Ah, genau, das ist sehr wichtig!» Ich wurde sehr gespannt darauf, was er mir gleich erzählen würde. Schumacher sagte aber ganz einfach: «Ja, der Leopard ist für unsere Schweizer Pänzeler etwas zu kompliziert. Das heisst, wir werden wohl im nächsten Jahr vierwöchige Wiederholungskurse durchführen müssen, damit es für die Leopard-Ausbildung reicht.» Ich hatte meine Story. Das hatte ich bisher noch nirgendwo gelesen oder gehört. Ich frohlockte innerlich und dachte schon an meine Blick-Story. Schumacher und sein Offizier bestätigten diese Information auf meine Rückfrage und erklärten mir detailliert, dass man tatsächlich an der Planung von vierwöchigen WK's arbeite.

Für mich war die Information in zweierlei Hinsicht sehr interessant: Erstens wird das für die betroffenen Soldaten und Unteroffiziere bestimmt eine eher schlimme Information sein, zweitens für die Blick-Leser und die ganze Bevölkerung der Schweiz nach den langen Debatten über die Anschaffung des «Leopard» eine hochinteressante Information. Ich verfasste für den Divisions-Kurier einen grossen Artikel, der natürlich unter dem Titel «Deutscher Leopard erfordert vierte WK-Woche für Panzertruppen». Schumacher hatte mich noch auf ein spezielles Problem im Zusammenhang mit der vierten WK-Woche aufmerksam gemacht. «Die Verlängerung von Wiederholungskursen in der Armee kann nur das Parlament bestimmen, das heisst, National- und Ständerat müssen darüber abstimmen.»

Für den Blick bereitete ich den praktisch gleichen Text vor, damit ich diesen am Erscheinungstag des Kuriers übermitteln konnte. Ich rief aber sicherheitshalber den Nachrichtenchef an und informierte ihn über meine geplante Story. Der Nachrichtenchef zeigte sich sehr skeptisch. «Wenn das stimmt, lieber Kleibi, dann hätten wir doch davon schon gehört», sagte er mir am Telefon. Ich insistierte und erklärte ihm, von wem ich die Information habe und dass diese

Quelle äusserst seriös sei. «Okay, wir klären das im Bundeshaus ab.» Ich übermittelte ihm schliesslich das Manuskript als Informations-Grundlage.

Der Divisionär schlug bei der Lektüre der Druckfahne für den Divisions-Kurier die Hände über dem Kopf zusammen. «Das dürfen sie nicht bringen!», befahl er, «die Sache muss zuerst noch durchs Parlament in Bern.» Damit hatte ich zwar die Bestätigung für die Echtheit der Information, aber keinen Aufmacher mehr für die Frontseite des Kuriers. Ich schrieb in der folgenden Nacht den Artikel über die Panzer-Fahrer neu. Die Information über den «Leopard» beschränkte sich auf die bevorstehende Einführung und den Beschrieb der Vorfreude unter den Panzer-Truppen.

Der Nachrichtenchef des Blick war erfreut über meine Mitteilung, dass der Divisionär die Zuständigkeit des Parlaments bestätigt hatte. «Jetzt bringen wir die Story auf jeden Fall.» Einige Tage darauf erschien der Blick mit dem Aufmacher auf der Front: «Deutscher Leopard zu kompliziert für Schweizer: Pänzeler brauchen vierwöchige WK's». Ich war stolz, als ich den Blick mit meiner Exklusiv-Story in den Händen hielt. Mir war aber bereits zu jenem Zeitpunkt klar, dass im Divisionsbüro in Solothurn die Begeisterung darüber wohl etwas geringer ausfallen würde. Zuerst erhielt ich einen Anruf von Fritz Schumacher. «Grossartige Geschichte, nicht?! Gratuliere Dir, das ist mal eine umfassende Information.» Vom Divisionsbüro hörte ich an diesem Tag nichts. Auch nicht am nächsten Tag und die Tage darauf. Nach einer Woche erhielt ich einen Brief aus Solothurn, Absender Mechanisierte Division 4. Der Brief bestand aus einem einzigen Satz: «Sehr geehrter Herr Kleiber, wir danken Ihnen für Ihre Mitarbeit, verzichten aber künftig auf diese.» Unterschrieben hatte der Divisionär persönlich.

Der Brief mit der «Entlassung» aus der Armee schockierte mich. Ich war schon sehr betroffen, denn ich hatte ja grundsätzlich keinen Fehler gemacht. Jedes Wort im Blick-Artikel stimmte. Andere Tageszeitungen der Schweiz berichtete Tage darauf das Gleiche. Die Sache liess mir keine Ruhe. Ich rief im Divisionsbüro an und verlangte, den Divisionär zu sprechen. Die Vorzimmer-Dame entschuldigte sich bei mir und sagte: «Der Herr Divisionär ist für sie nicht mehr zu sprechen.» Das war der zweite Schock. Ich hatte mich doch mit dem Divisionär immer gut verstanden. Ich rief einen Freund, den Chefredaktor der Solothurner Zeitung, an und erklärte ihm, was passiert war. Er hatte mich nach dem Erscheinen des Blick-Artikels als einziger Journalist angerufen und gefragt, ob er mein Manuskript für die Solothurner Zeitung verwenden dürfe. Er war entsetzt: «Was haben die gemacht?! Sie haben dich per Brief entlassen?!» Er bat mich, ihm den Brief zu faxen. Am Tag darauf erschien in der Solothurner Zeitung ein langer Artikel über meine Entlassung aus der Armee und über den Grund dazu. Ein Zitat des Divisionärs kam im Artikel auch vor. Er behauptete einfach, ich hätte unberechtigt militärische Geheimnisse verbreitet. Der Chefredaktor drückte sein Entsetzen darüber zusätzlich im Tageskommentar aus. Schliesslich ging die Geschichte über die Nachrichtendienste an alle Zeitungen der Schweiz. Viele druckten mindestens eine reduzierte Meldung darüber.

Dienstpflichtüberschreitung

Die Militär- oder Dienstpflicht begann – zu meiner Zeit – für einen männlichen Schweizerbürger grundsätzlich mit der Geburt. Da kam man nur schwer daran vorbei. Im entsprechenden Gesetz hiess es: «Die Schutzdienstpflicht ist zwischen dem Jahr, in dem die Pflichtigen 18 Jahre alt werden, und dem Ende des Jahres, in dem sie 36 Jahre alt werden zu erfüllen». Durch meinen etwas speziellen Militärdienst hatte ich die erforderlichen Diensttage bereits in meinem dreissigsten Lebensjahr erfüllt, merkte dies aber nicht, weil ich während dieser Zeit einfach nicht daran dachte und nicht nachrechnete. Ich staunte immer über Kollegen, die zu jeder Zeit wussten, wieviele Tage sie noch Dienst tun mussten. Auch im sogenannt zivilen Leben gab es Zeitgenossen, die jederzeit sagen konnten, wie lange sie bis zur Pensionierung noch zu arbeiten hatten. Für mich war es, wenn mir die Arbeit und der Job gefielen, nie ein «Muss», sondern ein «Darf». Genauso war es in meinem zweiten Teil der Militärzeit, wo ich als Reporter unterwegs war. Ich hatte Spass an meiner Arbeit, auch in Militäruniform, und ich dachte nie daran, die verbleibenden Tage der Dienstpflicht auszurechnen. Die Rechnung wäre mir sowieso zu kompliziert gewesen…

Im sogenannten WK-Modell der Schweizer Armee absolvierte man grundsätzlich die 17 Wochen dauernde Rekrutenschule (RS) und danach waren sechs Wiederholungskurse (WK) à je 19 Tage vorgesehen. In der Regel leistete man jedes Jahr einen WK. Danach hatte man die erforderlichen 245 Tage seiner offiziellen Dienstpflicht im sogenannten «Auszug» geleistet. Mit den damals noch existierenden «Ergänzungskursen» kamen weitere 42 Tage dazu. In der sogenannten «Landwehr» absolvierte man 39 Diensttage, also drei Kurse à 13 Tagen. Dann wechselte die Militärpflicht automatisch in den «Landsturm», wo ein weiterer Kurs mit 13 Tagen zu absolvieren war. Das hiess für einen normalen Schweizer Mann und gewöhnlichen Soldat, dass er insgesamt rund 290 Tage seines Lebens in Militäruniform verbrachte. Bei mir wechselte zwischendurch zwar die Art der Diensttage und der Uniform, es galten aber auch für mich die gleichen Regeln, respektive Gesetze.

Einmal traf ich auf einem meiner vielen Reportage-Einsätze einen «alten Kameraden» aus meiner Zeit bei der Sappeur-Kompanie 22. Er trug Zivilkleidung. «Was machst denn du in Uniform? – Bist du schon im Landsturm?» Mich wunderte die Frage zunächst, kam aber nicht auf die Idee, mit dem Rechnen zu beginnen und sagte: «Keine Ahnung, ich bin noch voll im Einsatz.» Wir tauschten noch ein paar, für mich weniger angenehme, Erinnerungen an die Sappeur-WK's aus und gingen wieder auseinander. Damals beschloss ich, mich gelegentlich mal um meine Diensttage zu kümmern und zumindest auf dem Divisionsbüro danach zu fragen. Aber einige Tage danach vergass ich dieses für mich gerade unwichtige «Detail» wieder und blieb weiterhin im Ungewissen darüber, was ich noch an Militärdienst zu absolvieren hatte.

Normale Armeeangehörige, also Soldaten hatten es bezüglich Dienstzeitabrechnung relativ einfach. Nach jedem absolvierten Wiederholungskurs, in der Regel am letzten Tg, wurden die Dienstbüchlein, die zu Beginn eingezogen wurden, wieder an jeden Soldaten ausgehändigt. Sofort schlug man die Seiten 20 bis 22 auf und kontrollierte, ob das Datum des WK's eingetragen war, und ob die Stempel der Ortschaft und der Kompanie da waren. Bei der Anzahl Diensttage wurde jeweils von Hand die Zahl 20 eingetragen. Stimmte der aktuelle Eintrag, war es einfach, die absolvierten Wiederholungskurse zu zählen. Beim sechsten Eintrag und den jährlichen Stempeln «Schiesspflicht erfüllt» hatte man das Ziel erreicht. Dann musste man nur noch seinen 42. Geburtstag abwarten und erhielt das Dienstbüchlein mit dem Stempel des zuständigen Kreiskommandos auf Seite 8: «Aus der Wehrpflicht entlassen».

In meinem Fall lief die Erfassung der Diensttage etwas anders. Nach jedem Einzeleinsatz – manchmal waren dies, verteilt auf ein Jahr, bis zu 14 Tage – füllte ich einen Rapport aus. Dort hatte ich den Einsatzort, den Einsatzgrund und die entstandenen Spesen für Verpflegung, Übernachtung und Fahrt einzutragen. Diesen Rapport schickte ich dann zum Jahresende samt Dienstbüchlein und Spesen-Quittungen aufs Divisionsbüro, wo die Daten fein säuberlich und von Hand in mein Dienstbüchlein eingetragen wurden. Irgendwann bekam ich das Dienstbüchlein per Post zurück. Auf meinem Bankkonto tauchte zeitgleich jeweils auch die entsprechende Gutschrift für die Spesen auf. Bei diesen administrativen Vorgängen wurde nie über die Zahl der Diensttage diskutiert, es wurde höchstens mal bezüglich eines Spesenbetrages nachgefragt, ob dies auch wirklich unumgänglich gewesen sei. Als Antwort auf diese Frage genügte in der Regel ein simples «Ja». Der Spesen-Rahmen war ja klar definiert und vom Divisionär schriftlich zugesichert.

Für eine Mahlzeit durfte ich 20 Franken berechnen, für eine Übernachtung wurden mir 80 Franken ausbezahlt. Egal, wie hoch der effektive Preis auf den jeweiligen Quittungen war. Diese Zettel dienten nur als «Beweis» dafür, dass ich auch wirklich vor Ort war. Pro gefahrenen Kilometer mit meinem Auto durfte ich 75 Rappen in Rechnung stellen. Die einzige Auflage im Zusammenhang mit den Spesen war die Verpflichtung, «nach Möglichkeit bei der Truppe zu verpflegen und zu übernachten». Diese Möglichkeit ergab sich aber selbstverständlich höchst selten, bezüglich Übernachtungen sogar nie. Es war natürlich für mich unausweichlich, wenn ich von einem Offizier während einer Reportage zum Essen eingeladen wurde. Dies geschah logischerweise jeweils bei der betreffenden Truppe.

Nachdem ich vom neuen Divisionär die «Kündigung» erhalten hatte, reichte ich pflichtbewusst mein Dienstbüchlein mit den Spesenabrechnungen meiner letzten Einsätze ans Divisionsbüro ein. Nach rund vierzehn Tagen erhielt ich das Dienstbüchlein zurück, die letzten Diensteinsätze waren aber nicht eingetragen. Es fehlten genau 31 Tage. Ich rief die Dame vom Divisionsbüro an. Sie zeigte sich sehr reserviert. Obwohl wir uns seit Jahren kannten und uns immer mal wieder begegnet waren, wirkte die Dame sehr distanziert und abweisend. «Sie haben ohnehin die obligatorische Dienstpflicht weit überschritten, ganz genau um 52 Tage», sagte sie mir schliesslich, «sie hätten schon lange keinen Dienst mehr absolvieren müssen.» – «Und, was bedeutet dies nun für meinen Eintrag im Dienstbüchlein und für meine Spesen?», fragte ich. Die Sekretärin schien verunsichert. Ihre

Stimme wurde zittrig und sie antwortete zögernd: «Ja, eh-me, das ist so, eh, da sie ja zu viele Tage, also, eh, ohne Verpflichtung im Dienst waren, kann weiss ich nicht, wie ich die erfassen soll.» Ärger stieg in mir auf. Eigentlich war ich bereits wütend über diese Reaktion. Ich beherrschte mich aber und sagte: «Sie müssen die Tage einfach, und wie gewohnt, im Dienstbüchlein eintragen und mir die Spesen überweisen. Schliesslich habe ich diese Tage für die Schweizer Armee verbracht und gearbeitet!» Nach kurzem Zögern beendete die Sekretärin das Gespräch mit dem Hinweis: «Ich werde sehen, was ich machen kann.»

Viel hat die Divisionssekretärin aber nicht gemacht. Es geschah einfach nichts. Schliesslich schrieb ich einen Brief an die Mech-Div 4 und erklärte mein Anliegen. Das Schreiben schloss ich mit der klaren Forderung ab, man solle die fehlenden Diensttage im Dienstbüchlein korrekt ergänzen und die entsprechenden Spesen – es handelte ich um den Betrag von CHF 3'105.00 – umgehend auf mein Konto überweisen. Der Betrag war durchaus gerechtfertigt. Ich war in den 31 Tagen im Einsatz immerhin 3'000 Kilometer mit meinem Jeep gefahren. In viel zu anständiger Weise hatte ich pro Tag nur eine Mahlzeit berechnet und, obwohl ich viermal zweitägig unterwegs war, nur zwei Übernachtungen. In der Zeit danach, als ich von diesem «Fall» erzählte, wurde ich oft von Kollegen gefragt, weshalb ich der Armee diese «Geschenke» gemacht habe. Es war mir einfach unwichtig. Ich wollte, dass die Sache korrekt abgewickelt und erledigt wurde. Ob die Abrechnung auf den Franken genau stimmte, respektive den Tatsachen entsprach, erschien mir damals als zweitrangig.

Aber, ich gab nicht auf. Nachdem von Seiten der Division nichts zur zufriedenstellenden Erledigung unternommen wurde, reichte ich eine schriftliche Klage ans Divisionsgericht ein. Und da lernte ich die «Mühlen» dieser Institution kennen. Es vergingen Wochen, bis ich eine Bestätigung meiner Klage bekam. Dann verging weitere, lange Zeit, bis ich eine juristisch korrekte Antwort erhielt. Meine Klage wurde aber angenommen und man beschloss dazu das «schriftliche Verfahren». Wieder vergingen Wochen und Monate. Ich hatte die Sache beinahe vergessen. Doch plötzlich erhielt ich eines Tages per

«Einschreiben» dicke Post vom Divisionsgericht. In der Akte wurde der ganze Vorgang, wie ich ihn in der Klageschrift geschildert hatte, ausführlich aufgeführt. Während ich das Dokument las, kam ein seltsames Gefühl in mir auf. Ich war nicht sicher, ob das Divisionsgericht mir folgen, also glauben würde, oder ob die Gegenseite, das Divisionsbüro, irgendwelche glaubwürdige und relevante Gegenargumente eingereicht hatte. Bevor ich auf die zweite Seite des Dokumentes blätterte, atmete ich einmal tief durch. Dann aber kam ich zum letzten Abschnitt. Und da stand, in fetter Schrift, dass das Gericht «dem Kläger folgt». Der entscheidende Satz – ich las ihn dreimal hintereinander – hiess: «Der Klage wird stattgegeben».

Das Divisionsbüro wurde verpflichtet, die fehlenden Diensttage zu akzeptieren und die daraus resultierende, finanzielle Schuld zu tilgen. Man musste mir die Spesen vollumfänglich ausbezahlen. Ich frohlockte. Als Erstes hielt ich meinem Vater diesen Entscheid unter die Nase. Er hatte, staatstreu, wie er war, eher an meiner Version der Geschichte gezweifelt. Vor allem aber hatte er mir davon abgeraten, gegen die Mech Div 4 zu klagen. «Du hast doch gegen die Schweizer Armee keine Chance! Was willst du als kleiner Soldat derart Staub aufwirbeln?! Sei doch zufrieden, dass du sauber und problemlos ausgemustert wurdest! – Du hast ja sogar die Dienst-Pistole behalten dürfen.» Jetzt, wo mein Vater den Gerichtsentscheid vor sich sah und das Urteil gelesen hatte, schüttelte er nur den Kopf: «Unglaublich! – Ich hoffe nur, dass das später nicht noch negative Folgen haben wird für dich!» – «Wo, bitte, sollte dies noch Folgen haben?», fragte ich ihn. Er gab mir das Dokument zurück, schüttelte den Kopf und sagte: «Man weiss nie, die Armee ist stark...»

Die etwas andere Militär-Karriere

1971
Die Armee ruft – mittels Aufgebot zur «Aushebung» in der Kaserne Liestal.

Meine militärisch erfassten Eckdaten:
Körperlänge:	184 cm
Brustumfang:	90 cm
Oberarm:	25 cm
Gewicht:	70 kg
Sehschärfe:	2,0
Hörschärfe:	20'000 Hertz

Am 26. August 1971 werde ich als «Diensttauglich» erklärt und in den Genie-Truppen als «Sappeur» eingeteilt.

1972
Eintritt in die Rekrutenschule in der Kaserne Brugg.

Nach zwölf Wochen erfolgt die Einweisung ins Bezirksspital Brugg und «Unterbruch» der Rekrutenschule.

1973
Antritt zum zweiten Teil der Rekrutenschule in der Kaserne Brugg. Zuteilung zur Pontonier-Kompagnie. Wegen Erscheinen in Zivilkleidung und Beleidigung des Schulkommandanten beginnt mein zweiter Teil der Rekrutenschule für zehn Tage in der Arrestzelle.

Nach einem Unfall in der Küche erfolgt die Zuteilung zur Küchenmannschaft.

Absolviere den Rest der Rekrutenschule in der Küche bei der Pontonier-Kompanie... Auf eigenen Wunsch erfolgt schliesslich der Eintrag «Küchengehilfe» im Dienstbüchlein.

1974
Erster Wiederholungskurs (WK) als Küchengehilfe bei den Basler Truppen, den «22ern» in Dietwil. Erstes Treffen auf meine «Kumpel» Freddy (der Küchen-HD), Max (der Küchen-Chef) und Leo (der Chauffeur).

1975
WK in Holziken...

1976
WK in Hendschiken...

1976
Erfülle Schiesspflicht um zwei Punkte nicht und werde zum sogenannten «Verbliebenenkurs» nach Pratteln aufgeboten.

1977
WK in Würenlingen – mit unserem speziellen Ausgangsradius bis Zürich.

1979
Der legendäre WK in Waltenschwil, wo wir den hochdekorierten Gästen lebendige Hühner mit Trockenreis servieren. Wir werden auf einen 20 Kilometer Strafmarsch befohlen. Danach wird meine «Rück-Versetzung» als «normaler» Sappeur beschlossen...

1980
Mein letzter WK mit den Sappeuren in Kirchberg. Verbringe 20 harte Tage in Feld und Wald. Während des WK's fasse ich den Entschluss, mich umteilen zu lassen...

1980
Ich schreibe einen Brief an die Armee und biete meine «Dienste» als Journalist an.

1980
Weil mein Sturmgewehr im Kirchberg-WK beschädigt wurde, kaufe ich mir privat einen Karabiner. Mit dieser Präzisionswaffe erfülle ich künftig problemlos die Schiesspflicht.

Die Armee reagiert prompt und bietet mir zwei Divisionen zur Auswahl an. Ich entscheide mich für die Mechanisierte Division 4 (MechDv4) in Solothurn. Nach einem Gespräch beim Divisionär werde ich in die Stabskompagnie der MechDiv4 eingeteilt und ich übernehme die Redaktion der Truppenzeitung, den «Divisions-Kurier»…

1980
Ich nutze die erfolgte Umteilung und tausche im Zeughaus Basel mein Sturmgewehr gegen eine Pistole, die legendäre «Sig Sauer P220», um. Als Begründung gebe ich an, dass ich unmöglich mit einem Gewehr an der Schulter fotografieren könne…

1981
Erster dienstliches Aufgebot zur Mitarbeit im FAK2.

1981
Bin sieben Tage für den «Divisionskurier» auf Reportage.

1986
Treffe den neuen Divisionär zum Interview – er beanstandet nicht nur meinen privaten Jeep, sondern auch mein Spezial-Tenue der Fliegertruppen.

1987
Erstelle unter Anderem eine Reportage über die Panzer-Truppen und erfahre von den Ausbildungs-Problemen am deutschen «Leopard»-Panzer

1987
Erhalte Kündigungsschreiben des Divisionärs und gebe schliesslich meine Ausrüstung im Basler Zeughaus ab.

Weil nicht alle Diensttage im Dienstbüchlein erfasst und dementsprechend auch die Spesen nicht ausbezahlt wurden, folgt ein schriftliches Verfahren vor dem Divisionsgericht. Ich werde schliesslich vollumfänglich entschädigt.

1994
Werde endlich offiziell «aus der Wehrpflicht» entlassen.

Ein paar Fotodokumente

Die erste Seite aus dem Dienstbüchlein und die Einträge der Ärzte.

Als Sappeur bei der
schweren Arbeit
mit viel zu langen Haaren.
Rechts Korporal Meury.

Beim Verladen des
Küchenmaterials,
auf dem Dach
des 2-DM stehend.

Hühner für den Divisionär – Freddy, Leo und Max mit den Hühnern, und die Küchen-Mannschaft mit dem Fourier (2. v. l.) auf dem Strafmarsch.

Im Cockpit eines der ehrwürdigen «Hunter».

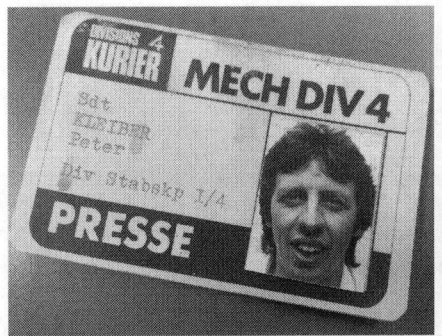

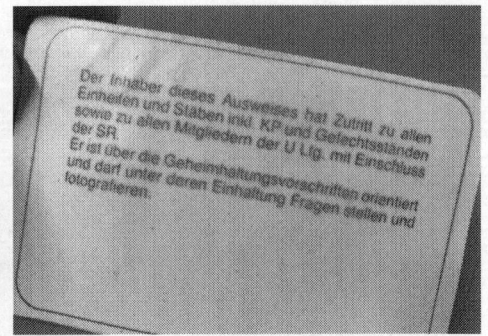

Selbergemacht: Pressekarte mit Zutrittsberechtigung.

Mein Einsatzfahrzeug, der legendäre Jeep «Renegade».

Made in the USA
Columbia, SC
08 February 2025